이희수 교수의
종횡무진 이슬람 강의록

이슬람
학교

1

국립중앙도서관 출판시도서목록(CIP)

이슬람 학교. 1 / 지은이: 이희수. -- 파주 : 청아출판사, 2
015
    p. ;   cm

권중부록: IS는 누구인가?
ISBN 978-89-368-1072-6 04900 : ₩11000
ISBN 978-89-368-1071-9 (세트) 04900

이슬람 문화[--文化]

918-KDC6
956-DDC23   CIP2015024608

이슬람 학교 1

초판 1쇄 발행·2015. 10. 10.
초판 7쇄 발행·2020. 3. 30.

지은이·이희수
발행인·이상용 이성훈
발행처·청아출판사
출판등록·1979. 11. 13. 제9-84호
주소·경기도 파주시 회동길 363-15
대표전화·031-955-6031   팩시밀리·031-955-6036
E - mail·chungabook@naver.com

ISBN 978-89-368-1072-6 04900
      978-89-368-1071-9 04900(세트)

* 값은 뒤표지에 있습니다.
* 잘못된 책은 구입한 서점에서 바꾸어 드립니다.
* 본 도서에 대한 문의사항은 이메일을 통해 주십시오.

이희수 교수의
종횡무진
이슬람 강의록

1 | 이희수 지음 |

이슬람의 탄생,
이슬람교 그리고 여성

이슬람
학교

청아출판사

프레시안 인문학습원(http://www.huschool.com)에서 진행한 강의 〈이슬람 학교〉가 개교한 지도 7년이 되어 갑니다.

일반 대중을 상대로 한 이슬람 문화 강의는 대학 강의와는 전혀 다른 선물을 안겨 주었습니다. 매 학기 수강생 50여 명과 8강을 진행하면서 문화, 역사, 관습, 종교, 사회와 경제, 이슬람 원리주의와 테러 문제에 이르기까지 다양한 주제를 놓고 진지하고 첨예한 토론이 이어졌습니다. 고등학생, 시민 단체 종사자, 대기업과 중소기업의 CEO, 교사와 교수, 전문직 종사자나 샐러리맨, 가정주부와 은퇴자들을 포함해 많은 수강생들이 서울은 물론, 멀리 광주, 거창, 청주, 춘천 등지에서 매주 금요일 저녁 서울에 모였습니다. 그리고 우리에게는 아직도 생소하고 편견이 강한 이슬람 문제를 교실 안으로 끌고 와서 참으로 의미 있고 멋지게 〈이슬람 학교〉를 꾸며 주셨습니다. 몇 년을 계속 수강하면서 거의 이슬람 전문가가 된 분들도 계십니다.

이 책은 〈이슬람 학교〉의 강의록입니다. 16억 57개국을 가진 지구촌 최대 단일 문화권인 이슬람 세계를 편견 없이 들여다보고자 하는 우리나라 0.1%의 슈퍼 엘리트들을 위한 책입니다. 서구 중심의 역사에서 벗어나 이슬람의 눈으로 본 세계사, 이슬람 여성의 두 얼굴, 이슬람 문화와 종교의 특성, 이슬람 사회의 실체와 허구, 테러와 이슬람 문제, 이슬람권과 비즈니스 하기 등 꼭 알아야 할 내용들을 재미있고 유용하게 압축하고 있습니다.

무슬림들도 따뜻한 피를 가진 우리와 똑같은 사람들입니다. 이슬람 문화는 중세 천년 유럽이 마녀사냥과 암흑의 질곡에서 헤매고 있을 때 인류의 길을 밝혀 주었고, 지금도 가장 역동적인 모습으로 성장하면서 인류 발전에 크게 이바지하고 있습니다. 테러분자들의 끔찍한 얼굴을 이슬람으로 포장하는 교묘한 '이슬람 죽이기'는 문명 세계에서 이제는 더 이상 유효하지 않습니다. 이슬람권에서조차 반이슬람적 범죄 집단으로 낙인찍은 알 카에다와 IS 같은 테러 조직들의 극악한 행위를 전체 이슬람의 본질로 왜곡하는 일부의 선전 선동도 성공하기 힘들 것입니다.

종교가 공적 영역에 무분별하게 개입하는 사회는 건강한 담론을 이끌어 내기 어렵습니다. 많은 이슬람 국가가 아직은 그러한 상황입니다. 이런 원칙은 우리나라도 예외가 아닙니다. 자신과 다른 모습, 다른 가치를 배척하는 민족은 성공하지 못했고, 하나의 가치만을 선이라 주장하는 국가 체제는 오래가지 못했습니다. 인류 5천년 역사에서 한 치의 오차도 없는 절대 진리였습니다.

전 세계 4분의 1을 악마화하면서 96.9%를 대외무역에 의존하는 우리의 미래를 설계하는 자체가 무의미하다고 생각합니다. 이 땅에 영구 정착한 약 5만 명 미만의 무슬림 인구(전체 국민의 0.1% 미만)를 침소봉대하여 이대로 방치하면 한국이 이슬람 국가가 되리라는 주장도 전혀 설득력이 없습니다.

유럽의 무슬림 인구가 약 5천만 명으로 늘어나 유럽에서 이슬람교가 두 번째 종교가 된 상황에서도 서구는 발전하고 있습니다. 세계 최강국인 미국에도 약 700만의 무슬림들이 2,106개의 모스크(2010년 기준)를 중심으로 국가 사회에 크게 기여하고 있습니다. 그에 비하면 우리나라는 아직 이슬람이 발아 단계에도 오지 않았다고 할 수 있습니다.

우리는 지금 다른 분야에서는 세계 최고 수준의 지식 강국을 자랑하면서도 유독 이슬람권 문제에서만은 OECD 국가 평균은 물론, 제3세계 연구 수준에도 미치지 못하는 상황에 있습니다.

편견과 오류, 지나친 고정관념을 뛰어넘어 글로벌 문화를 있는 그대로 들여다보고, 나와 다른 가치를 이해하고 공존의 지혜를 찾고자 하는 것이 이 책의 취지입니다. 이는 또한 이슬람 학교 수강생들의 학습 목표일 것입니다. 이슬람 전문가가 되실 여러분에게 이 책을 전합니다.

이슬람 학교 교장

이희수

이슬람 학교 1

서문 004

제1강

이슬람의 탄생

제2강

선지자 무함마드 이야기

제3강

이슬람은 무엇을 믿나요?

제4강

이슬람에서 여성으로 산다는 것

이슬람 학교 2

서문 004

제5강

찬란한 이슬람 문명

제6강

이슬람 극단주의의 기원

제7강

이슬람 문화와 비즈니스

제8강

이슬람, 테러 그리고 석유

제1강

이슬람의 탄생

Islam

샤우디아라비아의 사막 도시 메
카와 메디나에서 출발한 이슬람이
무함마드 사후 1세기 만에 세계로
뻗어 나간 전파력은 무엇일까? 오늘날
이슬람 제계의 인구는 16억 명에 달하고, 이슬
람 국가는 57개이다. 지구촌 4분의 1에 해당하는 문화권을
형성한 이슬람의 태동 배경과 초기의 역사를 살핀다

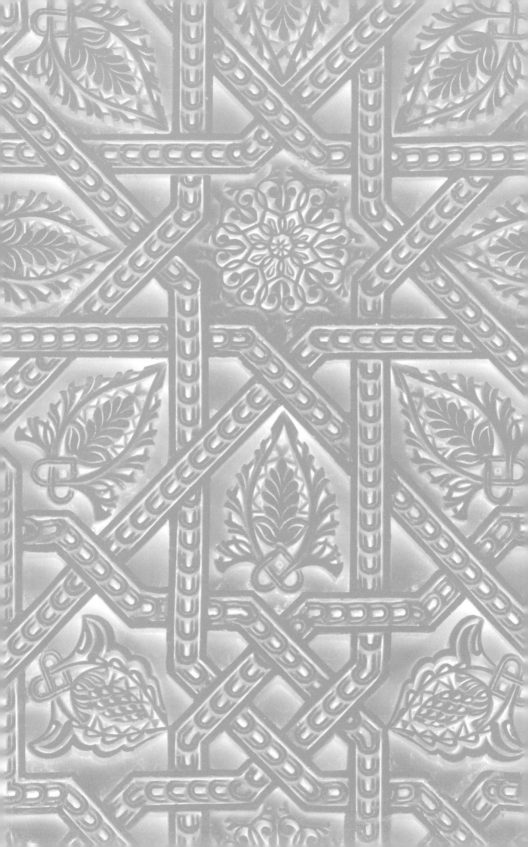

저는 한양대학교 문화인류학과 교수 이희수입니다. 이슬람 학교 교장입니다. 앞으로 8강을 할 텐데 종교적인 이야기는 별로 하지 않을 겁니다. 위낙 민감하기 때문입니다. 우리가 문화를 공부할 때 종교적인 도그마가 개입되면 정말 힘들어집니다. 신앙이 관련되고, 기독교냐 아니냐는 식으로 논란이 번지기 시작하면 걷잡을 수 없습니다. 특히 우리나라 사회에서는 그렇습니다.

그래서 우리가 철저히 약속해야 할 것이 하나 있습니다. 이것은 문화적인 공부다, 우리와 다른 가치와 다른 생각 그리고 다른 삶을 가진 사람들을 편견 없이 있는 그대로 들여다봄으로써 글로벌 문화의 실체에 다가가는 훈련이라고 여러분이 약속해 주셔야 합니다.

제가 우리나라에서 유일하게 대학 학부 과정에 〈이슬람 문화론〉이라는 과목을 개설해서 20여 년 동안 강의해 왔고, 지금도 개설되어 있습니다. 많은 학생들이 듣는 과목입니다. 지금까지 4,800여 명이 이 수업을 들었습니다. 제 수업을 들은 학생 중에 아직까지 이슬람으로 개종한 학생은 없습니다.

제가 있는 한양대학교가 '사랑의 실천'을 슬로건으로 하는 기독교 재단입니다. 학교로 가끔 항의가 들어온답니다. 왜 이슬람을 강의하는 이희수에게 월급을 줘 가며 이런 강의를 계속하느냐는 것이지요. 제발 부탁하는데 이슬람 학교를 오래 하기 위해 여러분 중에도 개종자가 나타나지 않기를 바랍니다. 그래야 제가 이 강의를 오래오래 할 수 있습니다.

제가 이슬람을 공부하면서 현장에서 만난 사람들에 대한 경험을 중심으로 강의를 풀어 나갈 텐데, 여러분은 그들에 대해 조금은 다른 시선에서 편견 없이 들여다보자, 그렇게 생각해 주시면 좋을 것 같고요, 질문은 중간 중간에 끼어 들어오셔도 좋습니다. 끝나는 시간에 질문하셔도 되고요.

많은 분들이 저에게 이슬람 신도냐고 묻습니다. 그런 질문을 참 많이 들었는데요, 그때마다 저는 "아마르티아 센 교수의 《정체성과 폭력》이란 책을 한번 읽고 질문해 주십시오."라고 대답합니다.

그 책의 요지가 이렇습니다. 아마르티아 센 교수는 노벨 경제학상을 받은 옥스포드 대학교 학장입니다. 그분이 주장하는 것은 바로 '이중적 정체성'입니다. 가장 위험한 것이 '단선적 정체성'이라는 거죠. 사람은 어느 순간에 이쪽 편이 됐다가 저쪽 편도 될 수 있습니다. 그렇게 정체성이라는 게 움직이는데 "너는 그쪽이다."라고 고정해 버리는 것이 위험하다고 말합니다.

제 집안 분위기는 가톨릭 일색이고, 부산에서 유학한 중학교 3년 동안은 절에서 학교를 다녔습니다. 사춘기 때 아이 버린다고 어머니가 부산에 있는 대명사라는 절에 저를 맡겨서 스님처럼 까까머리를 하고 3년 내내 거기서 다녔습니다. 그때 〈천수경〉과 〈금강경〉도 상당 부분 저절로 외웠습니다. 일부러 외웠던 건 아니고요, 새벽 4시에 일어나서 매일 들으니까 어린 나이에 저절로 머리에 입력된 것이죠. 물론 지금은 다 기억을 못합니다. 그러나 아직도 저는 스님들 목탁 치는 것을 조금만 들어도 그분 공력이 얼마쯤일지 감이 옵니다. 중헌重憲이라는 법명도 받았습니다. 지금도 초파일이 되면 절에 가서 연등도 달곤 합니다. 저는 그것이 너무 좋습니다. 가톨릭, 불교, 모두 포기하고 싶지 않습니다.

저의 이슬람 이름은 자밀입니다. 아름답다는 뜻입니다. 그 사람들과 함께 예배 보고 단식하고 '이너 서클'에 깊숙이 들어가 종횡무진으로 다니면서 문화를 공부합니다. 인류학적 공부 방식이지요. 꾸란 구절도 꽤 많이 외우는 편입니다. 이슬람이 훌륭한 종교라는 것을 누구보다 잘 압니다. 그것도 저는 포기하고 싶지 않습니다.

왜 한 사람이 어떤 종교와 정체성에 고정해서 거기에 매달려 살아야 하나요? 그건 싫습니다. 쉽지는 않겠지만 우리 사회가 한 사람의 다원적인 정체성을 인정해 주는 사회였으면 더 좋겠다, 그런 생각을 참 많이 하게 됩니다.

🕌 이슬람에 대한 이미지

20년 동안 학부 강의를 하면서 첫 시간에는 항상 설문조사나 퀴즈를 냅니다. 이슬람에 대한 이미지에 관한 건데요. 이런 키워드들이 많이 나옵니다.

- 테러와 폭력 종교
- 여성을 억압하는 종교
- 금기와 규제가 많은 사회
- 자기 고집 – 반미 – 다른 종교 박해
- 아라비안나이트
- 이집트 – 메소포타미아 – 인더스(인디아나 존스)
- 석유 – 두바이 – 엄청난 자본 시장

테러와 폭력이 난무하고, 여성을 억압하고, 금기와 규제는 얼마나 많은지, 자기 고집 강하고, 철저하게 반미에 다른 종교는 박해하는 이미지, 그러면서도 아라비안나이트 같은 신비한 이미지도 있고, 이집트, 메소포타미아, 인더스 문명처럼 고고학적 유물이 많고, 그래서 〈인디아나 존스〉 같은 영화가 떠오른다고 합니다. 또 〈라이온 킹〉이나 〈아이다〉 같은 세계적인 뮤지컬도 다 그쪽을 무대로 만들어지지 않았습니까? 또 석유가 많이 나고 두바이에는 스키장과 골프장이 있을 정도로 엄청난 자본 시장이라는 복합적인 이미지가 이슬람이나 중동을 이야기할 때 우리 머릿속에 있는 것 같습니다.

  좀 더 세부적인 질문을 학생들에게 던져 봤습니다. 복잡하고 부정적인 중동과 이슬람에 대한 이미지들이 주로 나왔습니다.

- 전쟁과 분쟁의 화약고
- 반인류적·반문명적 행태를 보이는 이슬람 사람들
- 석유만 많았지 근대화가 더디고 자기주장이 너무 강해 시대착오적이다.
- 글로벌 국제 질서에 순응하지 못한다.
- 왜 그렇게 세계 최강자인 미국에 저항하면서 실익보다는 무모한 명분으로 국민을 고통 속으로 몰아넣고 있는가?
- 오일 달러로 국민들을 제대로 챙기는 것인지?
- 석유가 고갈되면 그 이후는?
- 자살폭탄 테러, 이슬람 근본주의, 수니파와 시아파의 갈등, 일부다처, 가혹한 신체 절단 형벌, 지독한 여성 억압
- 금기 사항이 많고 외국인들이 쉽게 방문할 수 없는 곳
- 돼지고기와 술을 금하고 여자들을 쳐다보지도 못하게 하는 종교적인 율법을 고집하는 사회
- 알 카에다와 IS가 가장 먼저 떠오르는 종교

  우리나라 사람들이 흔히 갖고 있는 이슬람 이미지와 크게 다르지

않죠? 다만 어디까지가 실체이고 어디까지가 허구이고 환상인지 이 수업에서 분석적으로 다뤘으면 합니다.

인류는 급속한 인식의 진보를 거듭해 왔습니다. 20세기에 인류의 인식적 진보를 가로막았던 걸림돌로 세 가지를 꼽아 봅니다. 바로 블랙 콤플렉스, 레드 콤플렉스 그리고 이슬람포비아islamophobia가 그것들입니다.

블랙 콤플렉스는 흑인에 대한 모멸적 차별이었죠. 미국에서 공식적으로 차별이 없어진 것이 1960년대로, 20세기 중반 이후입니다. 그때까지만 해도 흑인은 인간 취급을 못 받았습니다. 식당에도 함부로 들어가지 못하고, 이사도 마음대로 못하고, 백인과 버스도 함께 못 탔습니다. 그렇게 오래된 이야기가 아닙니다. 오바마라는 흑인이 미국 대통령에 당선되면서 적어도 제도적으로는 인류가 흑백의 갈등을 극복해 나가는 것 같습니다. 아직 정서적으로는 인종 편견이 남아 있지만 말입니다.

두 번째는 메카시즘 선풍으로 대표되는 공산 이데올로기에 대한 적대감이죠. 레드 콤플렉스입니다. 상당히 많이 극복된 것처럼 보이지만, 아직 완전히 뛰어넘은 것 같지는 않습니다. 신문을 보면 우리 사회에서 아직도 종북 논쟁이 벌어지고 있지 않습니까? 하지만 이것도 어느 순간에는 극복되겠죠. 공산 이념이 결코 다수는 될 수 없겠지만 소수의 생각으로 우리 사회에 남아서, 즉 어떤 불편한 덩어리가 아니라 사회에 녹아 있는 다양한 하나의 이념으로 존재하게 되는 그런 날이 곧 오겠죠.

우리 세대들은 다들 경험하셨을 에피소드를 하나 소개하겠습니다. 저는 전교생이 58명인 조그마한 국민학교를 나왔습니다. 4학년 때 제가 전교 회장을 했습니다. 5, 6학년 선배들이 모두 농번기가 되면 일하러 가야 했기 때문입니다. 저는 아버지가 그 학교 교감 선생님이어서 농사를 안 지어도 됐어요. 5, 6학년 선배들이 거의 학교를 못 오니까 4학년인 제가 전교 회장을 할 수밖에 없었습니다. 아마 대한민국에서 유일한 사례가 아닐까 싶습니다.

저는 모든 과목에서 1등을 했습니다만, 미술만은 1등을 못했습니다. 당시에는 선생님들께서 성적이 좋으면 동그라미 5개를 그려 줬습니다. 그런데 미술 시간에만 동그라미 3개를 받았습니다. 그 숙제가 뭐였냐면 바로 반공 포스터를 그려 오는 것이었습니다.

그 일로 제가 집에서 많이 울었나 봐요. 지금도 어머니께서 그 이야기를 하십니다. 너무 억울하다며, 친구들은 5개를 받는데 나만 3개 받았다고 울었답니다. 딴 아이들 그림은 교실 벽에 붙었는데 제 것만 못 붙었어요. 이틀쯤 지나서 정신을 차리고 친구들은 어떻게 해서 5개를 받았나 내 그림과 비교를 해 봤죠.

그때 깨달은 것이 두 가지의 차이였습니다. 하나는 벽에 붙은 그림들이 붉은 크레용을 제 것보다 훨씬 많이 썼습니다. 그리고 공산당이나 공산 괴뢰라고 쓰고 거기에다 모두 뿔을 그려 놨습니다. 종합해 보면 뿔을 넣어 흉악하게 그리고 붉은색을 많이 쓴 포스터가 점수를 많이 받은 것이죠.

저는 절대적으로 붉은 크레용이 모자랐습니다. 그 뿔도 못 그린 겁니다. 그래서 아직도 기억합니다. '아, 반공 포스터에 공산당을 묘사할 때는 붉은 크레용을 많이 쓰고 뿔을 많이 그리고 괴물처럼 흉악하게 그려야 점수를 많이 받는구나'라고 생각한 걸요. 그게 저에게는 아직도 트라우마로 남아 있습니다. 요즘 젊은 세대들은 상상도 못 하겠지만, 저희 세대가 경험했던 겁니다. 요즘은 이런 이야기를 하면 다들 웃잖아요. 그만큼 레드 콤플렉스도 상당 부분 극복돼 가고 있지요.

마지막 하나 우리가 극복해야 할 것이 이슬람포비아입니다. 우리말로 이슬람 공포증, 이슬람 혐오증인데요. 이것은 아직 극복하고 있지 못한 것 같습니다. 왜 극복하지 못하고 있는지는 다음 시간에 집중적으로 생각해 보겠습니다. 이것까지 극복해야 인류가 진정한 인식의 진보 상태로 갈 수 있다고 저는 생각합니다.

이슬람 인구가 얼마나 될까요? 공식 통계로는 16억 명이고, 이슬람을 국교로 하는 나라가 57개입니다. 단일 종교로는 세계에서 제일 많은 인구입니다. 두 번째가 가톨릭이고요, 세 번째가 개신교, 네 번째가 불교 정도일 겁니다. 물론 가톨릭과 개신교를 합하면 기독교가 훨씬 많지만 개신교 목사님의 약 70%가 가톨릭은 이단이라고 생각하는 마당에 두 종교를 하나로 보기는 어렵잖아요. 따로따로 보면 이슬람이 제일 많습니다.

세계에서 가장 많은 사람이 믿고 있고, 가장 역동적으로 성장하고 있고, 앞으로도 없어질 가능성이 전혀 없는 종교인 이슬람에 대해 우리는 왜 다른 종교에 적용하는 기본적인 잣대를 적용할 준비가 안 돼 있을까, 왜 적용하지 못할까 이런 기본적인 질문에서 시작해야 하지 않을까 생각합니다. 선과 평화, 인성의 회복을 주창하는 상식적인 종교적 명제가 왜 이슬람 종교에는 적용되지 못하는 것일까요? 이제 우리가 한 걸음 이슬람에 다가서면 어떨까요?

🕌 이슬람에 다가가는 첫걸음

자, 이제 시작합니다. 인사부터 할까요?

"앗쌀라무 알라이쿰!"

다시 한 번 할까요?

"앗쌀라무 알라이쿰!"

직역하면 '주의 평화가 그대에게 깃드소서'입니다. 꽤 괜찮은 인사죠? 아침, 점심, 저녁, 만날 때마다, 똑같은 사람을 수십 번 만나도 이 인사로 시작하고 이 인사로 끝납니다.

"주의 평화가 그대에게 깃드소서."

껴안으며 인사를 나누는 이슬람인들

아랍 문화의 호신용 칼 잠비야

그런데 지구상에서 평화와 가장 먼 지역이라고 하면 여기를 떠올리지 않습니까? 그 인식이 어떻게 해서 생긴 걸까요? 지난 인류 5천 년 역사를 되돌려 보면 중동은 한순간도 평화를 경험하지 못한 지역인 것 같습니다. 오랜 기간 갈등과 전쟁으로 점철된 곳이지 않습니까? 이 사람들이 만날 때마다 '앗쌀라무 알라이쿰'을 말하는데 정확하게 직역하면 이런 뜻이 아닐까요?

"나는 너를 해칠 의사가 없다."

너무나 그런 일이 빈번하게 일어나는 사회니까, 만나면 꼭 '나는 너를 해칠 의사가 없다'라는 말부터 건네는 겁니다.

그래도 못 믿잖아요. 그래서 아랍 지역 무슬림들은 누구나 받아들이고 복종할 수 있는 신의 이름으로 약속하는 겁니다. 주의 이름으로 평화를 약속합니다. 그래도 못 믿습니다. 어떻게 하던가요? 악수하나요? 그 사람들은 만나면 끌어안잖아요. 완전히 끌어안고 형식상이 아니라 실제로 뺨을 오른쪽, 왼쪽, 오른쪽 차례로 부딪치면서 스킨십을 합니다. 그러면서 또 살람, 살람, 살람, 즉 평화를 세 번씩 다짐합니다. 그리고 나서 용건을 꺼내서 대화하기 시작합니다.

우리는 악수하잖아요? 악수하는 거리를 뭐라고 하나요? 적대 거리라고 합니다. 아랍 남자들은 대부분 호신용 칼인 잠비야를 왼쪽 허리

춤에 차고 다닙니다. 악수할 수 있는 거리는 왼쪽 칼을 뽑아서 상대의 급소를 찌를 수 있는 거리입니다. 치사율은 거의 100%에 가깝습니다. 왜? 생존이 달려 있기 때문입니다. 그러니 서로 만났을 때 악수 거리를 두면 되겠습니까? 언제 찌를 줄 모르니까 상대방을 끌어당겨서 적대 거리를 좁혀 버리는 겁니다.

여러분 중 중동 지역과 비즈니스 하시는 분들도 계시죠? 아랍 사람들과 정말 중요한 협상이나 미팅이 있을 때 악수하고 협상 테이블에 앉았다고 가정해 봅시다. 우리는 서구식에 익숙해져서 괜찮습니다만, 그들은 불편합니다. 물론 머리로는 이해하지요. 하지만 태생적 DNA로는 적대 거리가 좁혀지지 않아서 불편한 겁니다. 상대방과의 적대 감이 해소되지 않았는데 백날 이야기해 봐야 무슨 소용이 있겠습니까? 그런 상태로는 본론이나 진실에 도달하기 어렵습니다.

역발상으로 악수하면서 우리 쪽에서 상대방을 먼저 끌어당겨 보십시오. 끌려오겠습니까, 안 끌려오겠습니까? 끌려오지 않을 수 없습니다. 그 사람들은 끌려가는 게 체질화되어 있습니다. 물론 장난스럽게 하면 안 되죠. 진지한 눈빛으로 '앗쌀라무 알라이쿰' 하며 내 쪽으로 끌어당기면 그들은 거의 감성적으로 무너집니다. 아랍 사람들은 전형적으로 우뇌형입니다. 격정적이고, 감성적이고, 인간 중심적이고, 의리를 중시하고, 모욕을 쉽게 잊지 못하는 그런 민족입니다.

그렇게 일단 적대 거리가 좁혀지고 신뢰가 형성된 상태에서 협상 테이블에 앉아야 합니다. 협상 테이블은 어떻게 만들어야 할까요? 서로 멀리 떨어져 마이크를 사용하지 말고 옆의 친근한 거리에 자리를 마련해야 합니다. 협상 테이블 거리를 좁히는 겁니다. 그렇게 대화를 진행했을 때 적어도 두 단계, 세 단계 신뢰가 진전된 상태가 되어야 우리 쪽에서 조금이라도 유리하게 이야기를 끌어갈 수 있습니다. 이런 인사말 하나에도 우리가 그 의미를 제대로 알면 엄청난 순기능을 발견할 수 있습니다.

🕌 아랍과 중동은 다른 개념

이번 학기에는 이슬람 세계 중에서도 중동에 초점을 맞출 계획입니다. 아랍어를 모국어로 사용하는 아랍 국가가 22개입니다. 중동에서 아랍어를 쓰지 않는 나라는 이란, 터키, 이스라엘, 이렇게 세 나라입니다. 이란은 언어적으로 인도-유럽어족이고, 인종적으로는 캅카스계 백인입니다. 유럽하고 오히려 가깝죠.

이란과 아랍은 완전히 다릅니다. 언어도 다르고, 문화도 다르고, 종족도 다르고, 역사적 배경도 다릅니다. 한국과 일본보다도 훨씬 다른 나라들입니다. 우리는 아랍이나 이란이나 이슬람이나 다 거기서 거기 같잖아요. 얼마나 다른가 하면요, 이란 사람을 만나서 당신 아랍인이라고 물어보면 굉장히 기분 나빠합니다. 기분 좋지 않은 정도가 아니라 민족적 모멸감까지도 느낍니다. 이란 사람들은 자기를 아랍인으로 취급하는 것을 못 견뎌합니다.

이란 사람과 비즈니스하면서 시도 때도 없이 아랍, 이슬람을 혼용해서 얘기하면 어떻게 되겠습니까? 한국에 비즈니스를 하러 온 사람이 독도와 다케시마도 구분 못하고 왔다 갔다 하면 그런 사람과 장사하고 싶겠습니까? 똑같습니다. 마찬가지로 아랍인은 이란 사람들을 좋아할까요? 안 좋아합니다.

지금 이 시점의 중동 국가들은 종파나 종교적 문제보다는 개별 국가 중심주의와 개별 부족의 가치를 훨씬 상위로 취급하고 있습니다. 어떤 나라도 종교적 이유나 종파적 이익 때문에 전쟁하거나 갈등하지 않는다는 것입니다. 그러면 이렇게 질문들을 하실 겁니다. 수니와 시아가 만날 전쟁하는데 그건 뭐냐? 서구 미디어가 그것을 실제보다 훨씬 과장, 증폭, 확대시킨 측면이 강합니다.

한 예를 들어 볼까요? 지금 이란이 핵 프로그램을 가동하겠다고 하니 난리가 났잖아요. 이스라엘 네타냐후 총리가 미 의회에서 미국이 정책을 잘못 썼다고 연설하자 스물두 번의 기립 박수를 받았습니다. 어쨌든 이란은 핵 프로그램을 가동하고 있고 상대편에 있는 사우디아라비아와 현재 중동의 헤게모니 경쟁을 하고 있습니다.

이스라엘은 이란의 핵을 와해시키고 싶어 합니다. 미국은 본토까지 핵 미사일이 날아오기 힘드니 2차 당사자입니다. 다급한 것은 바로 이웃의 이스라엘입니다. 그래서 이란 핵 시설을 파괴하고 싶어 합니다. 중동 확전을 바라지 않는 미국 오바마 행정부가 이스라엘을 계속 다독이고 있지요. 그런데 만약 이란이 핵무기를 갖게 돼서 이스라엘이 이란의 핵 시설을 공격한다면 사우디아라비아는 누구 편을 들까요? 이스라엘과 협력을 할까요, 안 할까요?

질문 자체가 성립되지 않습니다. 당연히 협력할 겁니다. 공격하라고 사우디 영공을 내주는 것은 물론이고요, 이란 핵을 확실히 궤멸해 주기만 한다면 필요한 협조를 할 용의가 있다고 사우디 당국자가 이미 밝혔습니다. 이게 현실입니다. 종파나 종교보다는 개별 국가 안보와 이익이 최고의 가치가 이미 되어 있습니다.

물론 1970~1980년대에 한때 아랍 민족주의나 범이슬람주의가 힘을 발휘하던 때가 있었습니다. 우리는 21세기를 살면서 냉엄한 국제 질서 속에서 영원한 친구도, 영원한 적도 없다는 걸 잘 알지 않습니까? 시도 때도 없이 바뀌잖아요. 일본하고 친해지면 중국이랑 서먹해지기도 하고, 일본과 냉각기를 가지면 중국과 더 친해지기도 하고요. 그게 국제 정치의 21세기 현상 아닙니까? 우리는 그렇게 시시각각으로 바뀌면서 왜 중동은 30~40년 전의 패러다임과 고정관념 속에 갇혀 있어야 하나요? 그들도 우리 못지않게 역동적으로 자기네 국익을 위해 끊임없이 진화하고 있습니다. 그래서 수니와 시아의 종파적인 갈등이란 것은 실제보다는 상당히 과장됐다고 말씀드릴 수 있는 거죠.

터키는 터키어를 쓰죠. 터키어는 우랄 알타이어 계통으로 우리와 언어적으로나 문화적으로 가깝습니다. 한반도 바깥에서 한국 국민이 1등 국민 대접을 받는 세계에서 유일한 나라가 바로 터키입니다. 8천만 국민이 아무 조건 없이 우리를 무조건 좋아해 줍니다. 따라서 우리도 터키 사람들에게 잘해 줄 도덕적 책무가 있습니다. 진정으로 우리의 영원한 친구가 누구인가요? 일본, 중국, 미국? 국가 이해관계가 맞아 떨어지면 친구가 되겠지만 어느 순간 이해관계가 갈등을 빚으면 하루아침에 돌아설 수 있는 관계잖아요.

그렇다면 정말 아무 조건 없이 우리 편이 되어 주는 국가 하나쯤 갖고 있어도 나쁘지 않을 거 같습니다. 그러니 터키 사람을 만나면 무조건 잘해 주시면 좋겠습니다. 기업 하시는 분들은 외국인들이 취업하러 올 때 기왕이면 터키 사람 뽑아 주세요. 학교에 계신 분들은 유학생들이 여러 나라에서 옵니다만, 터키에서 온 학생들을 우선으로 좀 뽑아 주시고요. 6·25 전쟁 때 터키가 1만 5천 명을 보내서 3천여 명의 사상자를 내고 우리를 지켜 줬으니까 그 정도는 갚아도 되잖아요.

중동 제일 동쪽이 아랍에미리트의 두바이입니다. 그리고 제일 서쪽은 모로코의 카사블랑카입니다. 카사블랑카에서 두바이까지 육로로 약 6천 km 정도 됩니다. 굉장히 먼 거리죠? 아랍의 이 22개 나라가 말이 서로 통할까요, 통하지 않을까요?

아랍어로 완벽하게 소통됩니다. 이 사람들이 이렇게 멀리 떨어져

중동의 허브 두바이

있고, 서로 고립되어서 살았음에도 어떻게 말이 완벽하게 잘 통하는 지 궁금하지 않습니까?

언어를 통일해 주는 첫 번째 요소가 꾸란입니다. 꾸란은 1,400년이 지난 지금까지 점 하나 획 하나 틀리지 않고 내려오는 표준 아랍어 텍스트입니다. 아랍인이 꾸란을 통해 하루 다섯 번씩 예배 본다는 걸 아시잖아요. 이처럼 꾸란을 통해서 말이 완벽하게 통일됩니다.

두 번째는 알 자지라Al Jazeera나 알 아라비아Al Arabia 같은 아랍어 글로벌 위성 채널입니다. 이들 채널은 사하라 사막 한복판에서도 다 잡힙니다. 이처럼 글로벌 매체를 통해서 언어를 통일해 줍니다. 제주도 할머니가 KBS, MBC 보면서 서울말 다 알아듣잖아요. 물론 자국 방언들이 있습니다. 예를 들어 튀니지에서는 튀니지 방언, 아랍어 표준어, 프랑스어 이렇게 세 가지 언어를 공용합니다. 상당한 결속력입니다. 3억 이상이 쓰는 아랍어는 UN이 정한 6개 공용어 중에 하나입니다.

지금 대입 수능시험에서도 아랍어는 신청을 가장 많이 하는 제2 외국어가 됐습니다. 고3 수험생들이 일본어보다 더 많이 신청하고 있습니다. 하지만 전국에서 아랍어를 제2 외국어로 채택한 고등학교가 하나도 없다가 최근에 두 군데 정도 생겼습니다. 물론 입시에 유리하다고 판단했기 때문에 학부모들이 관심을 기울인 결과입니다. 이렇게 해서라도 아랍어를 배운 학생들이 아무래도 우리보다는 이 문화에 훨씬 친숙하게 다가갈 수 있겠죠?

대학교에는 한국외국어대학교, 부산외국어대학교, 명지대학교, 조선대학교 등 4개 대학교에 아랍어과가 있습니다. 인적 자원은 충분한 것 같습니다.

요즘은 또 학생들이 다들 어학연수를 다녀오지 않습니까? 학부 과정을 마치고 1년 정도 어학연수를 다녀오면 말은 그런대로 하는 것 같습니다.

사실 아랍어는 수요에 비해 공급이 많이 모자랍니다. 국정원이나 외교부, 경찰청이나 법원, 출입국관리소 그리고 기업 등에서 아랍어 전공자들을 많이 찾고 있습니다. 아랍어를 정말 잘하면 많이들 뽑아 가는 것 같습니다. 물론 아랍어만 해서는 부족하고 해당 지역에 대한 문화나 종교, 역사 같은 인문적인 지식을 갖추면 훨씬 더 많은 기회가 열립니다. 아랍어만 하면 통역 외에는 아무것도 못하잖아요. 그 지역에 대한 전문적인 지식이 있어야 어학과 결합해서 전문가로서 경쟁력이 있다고 말씀드릴 수 있습니다.

🕌 이슬람 인구 70%는 아시아에

세계 지도를 놓고 볼 때 이슬람을 믿는 나라들을 '그린벨트'라고 부릅니다. 놀랍게도 아랍이 이슬람 세계 전체에서 차지하는 비중은 인구 규모나 지역 분포에서 4분의 1정도밖에 안 됩니다. 나머지 70% 정도는 다 아시아에 있습니다.

인구수로 보면 세계 최대 이슬람 국가는 인도네시아입니다. 한 2억 5천만 명 정도 됩니다. 두 번째로 이슬람 인구가 많은 데가 인도입니다. 인도 인구 12억 명 중에서 15%가 이슬람을 믿고 있으니까 1억 8천만 명 정도가 인도에 있습니다. 3-4위국이 파키스탄과 방글라데시로 약 1억 7천만 명과 1억 6천만 명, 터키와 이집트, 이란이 약 8천만 명 정도로 이슬람 국가의 빅 식스Big 6라고 분류됩니다. 이집트를 빼놓고는 모두 아시아권입니다. 즉 세계 이슬람 인구의 70%가 아시아에 있습니다.

중앙아시아도 몽골을 빼고는 다 이슬람입니다. '-스탄' 자가 붙은 나라들이 대표적입니다. 우즈베키스탄, 카자흐스탄, 키르기스스탄, 타지키스탄, 투르크메니스탄, 아제르바이잔, 아프가니스탄, 파키스탄까지 중앙아시아 전역이 이슬람화되어 있습니다.

또 북아프리카 전역이 이슬람이고 사하라 사막 남쪽에도 북아프리카에 붙어 있는 나라들이 이슬람권입니다. 유럽 사람 중 5천만 명이 무슬림입니다. 유럽에서는 두 번째 종교가 이슬람입니다. 첫 번째가 가톨릭이고, 두 번째가 이슬람, 세 번째가 개신교입니다. 미국에도 700만 명 정도로 추산됩니다. 유대인보다 조금 많습니다. 미국에 이슬람 사원, 즉 모스크가 2010년 기준으로 약 2천 개가량 있습니다.

세계에서 이슬람 인구가 제일 적은 나라가 아시아의 한국과 라틴아메리카의 브라질입니다. 우리가 이슬람에 대해서는 굉장히 멀리 떨어져 있죠. 메카에서 제일 동쪽 끝이 우리나라고, 서쪽 끝이 브라질입니

세계 3대 모스크 중 하나인 술탄 아흐메트 모스크

다. 이런 지리적인 조건이 역할을 했겠죠?

인도는 왜 이슬람 인구가 많을까요? 인도는 영국이 식민 통치하기 직전까지 약 500년간 이슬람 국가였습니다. 300년간은 무굴 제국이었고요, 그 이전 약 200년은 노예 왕조와 가즈나 왕조가 인도를 통치했습니다. 물론 피지배 민족들은 힌두였지만 전체적인 헤게모니는 이슬람이 잡습니다. 가즈나가 잡고 노예 왕조가 잡고 그리고 무굴 제국이 영국의 식민 통치까지 인도를 지배합니다. 타지마할 다 아시잖아요. 인도에 여행을 가면 뉴델리나 아그라나 자이푸르 등에서 모두 이슬람 유적들을 많이 보고 오시잖아요. 불교 유적지도 물론 있습니다만.

인도는 1947년 마하트마 간디에 의해 영국에서 독립하는데, 그때 분할 독립하게 됩니다. 왜냐하면 힌두교가 정치적인 헤게모니를 잡게 되니까 500년간 지배권을 행사했던 이슬람 세력들이 힌두 밑에 복속하기를 싫어하겠죠? 그래서 북쪽에 따로 독립해서 떨어져 나갔습니다. 그게 오늘날 파키스탄과 방글라데시가 되었습니다. 본래는 동파키스탄과 서파키스탄이었다가 동파키스탄이 방글라데시가 되었죠.

그런데 500년간 기득 세력으로 뿌리를 내렸던 사람들 중에는 그 사회적 기반과 네트워크, 자본과 시장을 버리고 파키스탄으로 이주하기 싫었던 사람들도 많았겠죠? 그들이 본토에 남았습니다. 그렇게 남은 사람이 전체 인구의 15~18% 정도 되는 것입니다.

주로 인도 서남부에 분포하고 있는 이들이 인도의 상권을 장악하고 있습니다. 거대한 상권입니다. 이 사람들이 바로 걸프 해 지역과 1일 생활권에 있으면서 석유와 자본이 모여 있는 이곳을 장악하고 있습니다. GCC(걸프협력회의)의 6개국 사우디아라비아, 쿠웨이트, 아랍에미리트, 카타르, 오만, 바레인은 인구의 약 70% 이상이 인도 사람입니다. GCC는 인도 서부와 같은 생활 문화권이라고 볼 수 있습니다.

🏛 동양도 서양도 아닌 '중양'이란 개념

제가 처음 이스탄불 대학교에 공부하러 가니까 우리나라 대학에서 가르치는 역사 인식과 그 사람들이 생각하는 역사적 사고방식이 전혀 달랐습니다. 우리는 중동 역사를 어디서 가르치나요? 동양사에서 가르치나요, 서양사에서 가르치나요?

잘 모르잖아요. 교제도 별로 없고요. 사실 아무 데서나 안 가르치는 거나 마찬가지죠. 한국에 사학과 없는 대학교가 거의 없잖아요. 사학과가 없이 어떻게 대학이 되겠습니까? 그런데 대학에서 중동사를 전공한 사학자도 거의 없습니다. 수많은 사학과 교수 중에서 서울대학교의 이은정 교수 하나 정도 될까요?

그런데 이스탄불 대학교에서는 인류 5천 년의 역사 중에서 자기네가 주도했던 4,800년을 역사의 중심에 놓고 가르치더라고요. 중동 무슬림들의 개념은 '중양中洋'입니다. 동양도 아니고 서양도 아니고, 우리가 중심이다, 그래서 중양middle ocean이라고 부릅니다.

처음에는 너무 자기중심적인 역사가 아닌가, 그땐 젊을 때니까 약간 반발도 있었습니다. 그들의 논리는 이러합니다. 세계 4대 고대 문명인 메소포타미아, 인더스, 이집트, 황하 중에서 3개가 중동에서 만들어졌습니다. 이집트, 메소포타미아, 인더스가 그렇죠. 인더스는 인도에 있다고 생각합니다만, 문명이 일어난 곳은 지금의 파키스탄에 해당됩니다.

인더스 문명의 2대 유적지인 하라파, 모헨조다로가 다 파키스탄에 있습니다. 히말라야의 눈 녹은 물이 인더스 강으로 흘러내리거든요. 차가운 물이 하류로 내려와 따뜻해지면서 거기서 농경이 일어나고 고대 문명이 만들어졌습니다. 사실 인더스 강은 단 한 방울도 인도로 흘러가지 않습니다. 모두 파키스탄으로 흘러가고 있습니다.

이집트와 메소포타미아와 인더스는 서로 접경하고 있었습니다. 세 문명이 이웃하고 있었습니다. 그래서 현대 고고학계는 이미 그 당시부터 이 세 문명권 사이에 긴밀한 역사적 접촉과 문화적 교류가 있었다는 것을 정설로 받아들이고 있습니다. 그래야 여러 가지 미스터리가 풀립니다. 이집트와 메소포타미아와 인더스 문명 간에 문화적으로 친근 관계가 너무 많거든요.

중국은 독자적인 문화권으로 봅니다. 당시 인간이 6천 m 고봉의 파미르 고원이라는 절대 한계를 극복할 수 없었기 때문이죠. 이렇게 보면 세계 4대 문명 중에서 3개가 다 중동에서 만들어졌습니다. 그리고

1154년에 아랍 학자 알 이드리시가 그린 세계 지도. 대항해시대 이전의 지도 중에서 가장 정확한 지도였다.

오늘날까지 단 한 차례도 단절됨이 없이 찬란한 문화와 역사가 이어져 왔습니다. 이것을 서양 중심의 역사에서 안 가르쳤을 뿐입니다.

서양 역사는 흔히 그리스부터 출발하잖아요. 그리스 문명은 또 크레타 문명에서 비롯됩니다. 크레타는 아시다시피 지중해에 있는 조그마한 섬입니다. 크레타 문명은 정확하게 남쪽의 이집트, 동쪽의 오리엔트 문명을 받아서 완성된 종합 해양 문명입니다. 그때 북쪽 아테네는 문명이 발아되기 이전 시기입니다.

크레타 문명이 그리스 본토로 넘어가서 미케네 문명이 되고, 기원전 5~6세기에 그리스 문명이 비로소 꽃을 피우거든요. 2세기 전후로 로마에게 멸망당하고, 476년에는 게르만의 오도아케르에게 로마 제국이 멸망하면서 이후 천 년 동안 신 중심의 중세 암흑기를 거칩니다.

15세기부터 르네상스가 일어나고, 대항해시대와 함께 세상에 대한 새로운 눈을 뜨고, 금속활자가 보급되면서 종교개혁이 일어나는 등 그 시기에 굵직굵직한 일들이 동시다발로 일어나죠? 계몽주의와 산업혁명을 거쳐서 19세기 과학의 시대부터 오늘날에 이르는 것이 우리가 배워 왔던 세계사의 큰 흐름입니다.

서양 역사의 뿌리인 그리스 문명은 한 축으로는 이집트, 한 축으로는 오리엔트 문명을 받아들여 떨어져 나간 가지 문명입니다. 그럼 그리스에 영향을 준 본토에는, 그 뿌리에는 문명이 없어졌습니까? 아닙니다. 찬란한 역사와 문화가 이어져 왔다고 말씀드릴 수 있습니다.

🏛 오리엔트에 축적된 문명

그 문화가 과연 어떤 문화일까요? 이 강좌가 역사 시간이 아니라 다 말씀드릴 수는 없지만, 간략하게나마 살펴보도록 하겠습니다.

기원전 2300년경 아카드 왕국이 이미 오리엔트를 통일합니다만, 여러분들이 학교에서 배워 이름 정도라도 알고 있는 국가들만 언급할게요.

바빌로니아 왕국부터 시작해 볼까 합니다. 기원전 1800년입니다. 그 이전 기원전 2300년경에 아카드가 한 번 천하 통일을 합니다. 아카드 시대는 우리나라 역사로 보면 단군신화의 시대입니다. 아카드 문자가 지금까지 남아 있는데, 단군 시대에 이미 오리엔트에서는 문자가 만들어진 겁니다. 그리고 기원전 1800년경에 다시 오리엔트를 천하 통일한 나라가 바빌로니아입니다. 바빌로니아에서 가장 유명한 왕이 누군가요? 함무라비입니다. 282개 조항의 법전을 남겼습니다.

함무라비 법전에서 여러분은 무엇을 기억하시나요? '눈에는 눈, 이에는 이'가 대표적이죠? '입양한 아들이 부모를 배신하면 죽여라'라는 흥미로운 조항도 있습니다. 사법연수원에서 오랫동안 〈이슬람법과 문화〉라는 강의를 개설해 가르치면서 함무라비 법전 이야기를 하면 많은 수강생들이 놀라움을 표합니다. 3,800년 전에 만들어진 이 법

함무라비 법전이 새겨진 비석(루브르박물관)

전에 형법, 민법, 형사소송법, 국제거래법, 전쟁포로 배상교환법, 노사분규법, 가족법, 이혼소송법 등 현대법의 기본 분야와 정신이 다 들어가 있습니다. 3,800년 전에 282개의 조항을 갖춘 사회였다면 나름대로 거버넌스governance, 즉 통치 시스템을 갖춘 정교한 국가라는 것이 확인되잖아요.

이 정도라면 우리가 그냥 흘려보낼 보통 국가가 아닙니다. 바빌로니아는 200년 정도 지속합니다. 명멸이 심하고 이합집산이 수시로 일어나는 고대 오리엔트에서 200년간 국가를 유지한다는 것도 결코 쉬운 일이 아닙니다. 바빌로니아라고 하면 이름만 보고 지나가는데, 사실은 로마만큼 다뤄야 할 국가입니다.

바빌로니아를 이어받아 기원전 1600년경 히타이트가 오리엔트를 천하 통일합니다. 히타이트에 대해 우리는 '철기' 정도만 알잖아요. 철기 시대를 열었다는 것은 무엇을 뜻할까요? 철을 제련하려면 섭씨 1,540도가 필요합니다. 자기를 만들려면 1,300도가 필요합니다. 도기가 1,100도에서 1,200도가 있어야 하고요. 왜 아무 나라에서 자기를 못 만들까요? 1,200도에서 100도 더 올리는 기술이 어렵기 때문입니다. 그래서 한국과 중국밖에는 자기를 못 만드는 겁니다. 21세기 와서도 이 기술은 여전히 어려운 겁니다. 그런데 3,600년 전에 철을 제련했다는 것은, 물론 순도는 상당히 떨어졌겠지만, 기본적으로 온도를 높이는 기술이 있었다는 것을 가리킵니다. 당시로서는 '최첨단 테크

놀로지 사이언스'였습니다. 놀랄 일이죠.

청동기에서 철기로 바뀐다는 것은 인류 역사상 최대의 패러다임 전환이었습니다. 어떻게 보면 지금도 우리는 철기 시대의 연장에 살고 있습니다. 포스코 홈페이지에 들어가면 철강의 역사가 히타이트 때부터 시작합니다. 이 변화는 아날로그에서 디지털로 바뀌는 정도를 훨씬 뛰어넘는 겁니다. 히타이트는 철기를 만들었던 나라라고 단순하게 외우기만 하고 지나갈 나라가 아닙니다.

이 나라가 400년 유지됩니다. 이 흔적이 지금도 남아 있습니다. 터키 앙카라의 보아즈칼레에 있는 반경 8km의 거대한 왕궁과 성벽입니다. 유물은 앙카라의 아나톨리아 문명박물관에 전시되어 있죠. 세계 최대의 히타이트 컬렉션이 앙카라에 있습니다.

히타이트를 이어받은 나라가 페니키아입니다. 페니키아가 지중해를 중심으로 천하 통일을 합니다. '최초의 해양 민족으로 그들이 썼던 문자를 알파벳으로 사용하고 있다'라는 정도는 알고 계실 겁니다. 이 정도도 요즘 아이들은 세계사 선택을 하지 않으면 모릅니다만.

그럼 그 이전에 문자가 없었겠는가? 훌륭한 문자가 많았습니다. 이집트 문명의 상형문자, 쐐기문자, 수메르 문자, 아카드 문자, 예수 시대까지 썼던 아람 문자, 시리아 문자 등 정교한 문자들이 수없이 많았는데 왜 인류는 페니키아가 쓴 문자를 알파벳으로 사용하고 보편화시켰을까요?

그 이전의 문자는 1%도 안 되는 권력 집단이 독점하는 지식 권력이었습니다. 가르쳐 줘서도 안 되고 남이 알아서도 안 되는 지식 권력입니다. 세종이 훈민정음을 만들 때 반대했던 사람들의 논리도 그런 거잖아요. 그런데 페니키아는 처음으로 장사를 하면서 외상값을 기록하고 어떤 물건이 어떻게 유통되는지 기록했습니다. 인류 역사상 처음으로 상인과 상인 사이에, 즉 민과 민이 커뮤니케이션할 수 있는 26개의 쉬운 부호를 만든 겁니다.

독점적 지식 권력이 처음으로 무너지면서 대중화되어 퍼지기 시작한 것이 바로 페니키아 문자입니다. 그것이 오늘날 인류 대부분이 쓰고 있는 알파벳의 기원이 됩니다. 이렇게 보면 문자혁명을 일으켰던 페니키아도 문명사에서 끼친 공헌이 결코 적지가 않죠? 그냥 살짝 외우고만 지나가서는 안 됩니다.

페니키아 이후에 헤브라이가 이어받고, 메디아가 이어받고, 앗시리아가 이어받고 그리고 페르시아가 이어받습니다. 페르시아는 인류 최초의 제국입니다. 기원전 6세기죠?

이로부터 500년쯤 뒤에 로마 제국이 태어납니다. 로마는 그리스에서 이어받았다고 생각들을 합니다만, 그리스는 제국이 아닙니다. 그리스는 폴리스 국가입니다. 폴리스는 작게는 2천 명에서 크게는 1만 명 내지 1만 2천 명 수준이었습니다. 이런 폴리스들이 산악 지대에 여기저기 떨어져 있는 겁니다. 이런 지형적인 이유 때문에 그리스 사람들은 제국을 만들 수 없습니다.

그래서 민주주의를 한 겁니다. 서로 떨어져 있고 그 속에서 사람이 많지 않으니까 민주주의를 할 수 있었던 겁니다. 그 당시에 다양한 종족과 이데올로기와 기술과 영토가 모여서 제국을 이루는데 어떻게 민주주의를 합니까? 그리스의 민주주의는 상당 부분 미사여구로 꾸민 겁니다. 그리스 민주주의라는 것도 이른바 시민이 자기들끼리 한 거잖아요. 노예들도 있었고 여성에겐 참정권도 없었습니다.

그렇다면 로마 제국의 모든 거버넌스와 도량형, 유통 체계, 교통, 통신 등의 시스템들은 누구에게 배웠겠습니까? 그리스로부터는 형이상학적인 논리학, 철학 같은 학문적 전통을 배워왔지만, 소위 말하는 형이하학적 하부 구조는 다 페르시아로부터 배운 겁니다. 왜냐하면 페르시아가 최초의 제국이었기 때문이죠.

이 페르시아가 알렉산더에게 멸망하고, 그것을 이어받은 게 파르티아고, 파르티아를 이어받은 나라가 사산조 페르시아고, 사산조 페르시아가 비잔틴 제국과 전쟁합니다. 사산조 페르시아와 비잔틴 제국의 오랜 전쟁 끝에 아랍이 등장해서 사산조 페르시아를 무너뜨리고 비잔틴 제국도 콘스탄티노플까지 몰아내면서 서기 650년 정도 되면 오리엔트를 천하 통일합니다. 시리아의 다마스쿠스를 수도로 우마이야 왕조를 건립한거죠. 최초의 아랍 왕조 입니다. 그런데 이슬람이 완성된 건 610년이지만, 아랍이 세계적인 제국으로 발돋움한 건 750년부터입니다. 이 제국이 500년 유지됩니다. 이것을 우리가 아바스 제국이라고 부르죠.

500년 이슬람 제국이 누구한테 멸망하나요? 몽골입니다. 몽골이 1220년부터 동서양을 완전히 관통합니다. 몽골 침략에 남아나는 나라가 없었잖아요. 중앙아시아가 다 몽골 치하에 들어가고, 그때 그 광대한 이슬람 제국도 몽골에게 멸망합니다.

그러나 서아시아의 몽골 패권은 50년밖에 못 갑니다. 이슬람 지역에 세워졌던 몽골 제국이 일한 제국입니다. 칭기즈 칸이 죽고 나서 몽골 제국은 4개의 한국汗國으로 분열되잖아요. 중국은 원나라가 되고, 차가타이, 오고타이, 킵차크, 일한 이렇게 네 한국으로 나뉘는데, 네 한국 대부분이 이슬람 지역입니다. 결국 이슬람권의 몽골 한국들은 이슬람의 용광로에 녹아서 점차 사라집니다.

왜냐하면 1%도 안 되는 몽골 지배자가 수천 년간 축적된 오리엔트 문화를 바꿀 수 없는 겁니다. 그 어마어마한 용광로에 오히려 몽골이 녹아서 이슬람화되고, 결국에는 사라지는 겁니다. 그것이 50년 만에 주도권을 상실합니다. 몽골이 휩쓸고 간 50년의 혼란기를 딛고 오리엔트를 다시 통일한 게 누군가? 그게 바로 오스만 튀르크입니다. 1299년에 일어난 일입니다.

또 어떤 변화가 있었는가 하면 그 이전까지만 해도 아랍이 이슬람의 주인공이었는데, 이젠 아랍족이 아닌 튀르크족이 이슬람 세계를 대표하게 되는 변화가 일어나죠. 오스만 제국은 인류 최대의 제국입니다. 600년 제국입니다. 정확하게는 1299년부터 1922년에 망하니까 623년의 제국입니다. 인류 역사상 이렇게 긴 제국은 없었죠. 영토나 인구 구성 면에서도 최대입니다. 아프리카와 모로코까지 진출했고, 중동 전역은 물론, 인도양까지 아우르고, 중앙아시아 쪽으로는 우즈베키스탄까지 진출했고, 유럽에서는 그리스, 불가리아, 체코, 보스니아, 헝가리가 다 오스만 제국 치하에 있었습니다. 한창 전성기 때는 유럽 최강국이었던 합스부르크 왕국(오스트리아)의 수도 빈까지 가잖아요.

이렇게 막강했던 오스만 튀르크가 제1차 세계대전 때 줄을 잘못 섭니다. 영국과 프랑스에 대항해서 독일, 오스트리아와 함께 동맹국에 가담해서 패전국이 되지요. 그 600년 제국이 산산조각이 납니다. 빈으로부터 발칸 반도를 뺏기면서 코소보 사태, 보스니아 사태, 체첸 사태 같은 발칸 반도의 화약고 문제가 생기고, 하나의 아랍어를 쓰던 그 거대한 아랍권이 22개 나라로 쪼개져 독립하게 되고, 터키 본토까지 다 빼앗겼죠.

이때 케말 아타튀르크라는 전쟁 영웅이 나타나 영국, 프랑스와 전쟁해서 터키 본토를 겨우 회복합니다. 터키 왕정이 무너진 이후에 1923년 터키공화국으로 재탄생해서 오늘의 터키가 되고, 이웃 이란이 1926년 영국으로부터 독립해서 이란이 탄생합니다. 또 600만 유대인을 학살했던 제2차 세계대전 홀로코스트 이후에 오갈 데 없는

터키 공화국 수립의 주역인 케말 아타튀르크

유대인을 데려다가 1948년 미국의 트루먼 대통령이 주도해서 팔레스타인 지역에 유대인 국가인 이스라엘을 창설해 줍니다.

그때 60만 명의 유대인이 몰려오니까 2천 년 동안 그 땅에 살던 100만 명의 팔레스타인 사람들이 쫓겨납니다. 그 숫자가 지금은 500만 명이 되어 자기들 빼앗긴 나라를 되찾겠다고 투쟁하는 것이 중동 분쟁의 불씨가 됩니다. 이렇게 22개의 아랍 국가에 터키, 이란, 이스라엘을 합쳐서 오늘날의 25개 중동 국가가 된 겁니다. 중동 역사 간단하죠?

🏛 오리엔트를 가르치지 않은 우리 역사 교육

문제는 이겁니다. 서양 역사가 찬란한 발전과 진보를 거듭할 때 역사의 중심이고 뿌리이고 본향인 오리엔트에 그에 못지않은 역사가 동시대에 병존하고 있었는데도 이 역사를 안 가르친 겁니다. 또 살짝 지나가거나 축소해 버렸기 때문에 우리 세계사는 외워야 하는 역사와 연결이 안 되고 모자이크 같은 절름발이 역사가 된 겁니다.

여기서 우리가 '안티anti 서양'을 할 필요는 없습니다. 서양 역사를 왜곡하거나 평가절하할 필요는 전혀 없지만, 서양 중심의 역사에서

놓쳐 버린 역사를 복원해야 하나의 유기체적인, 흐름이 이어지는 보편적인 역사가 되는 거죠. 그게 중요합니다.

그리스 때는 페르시아가 있었습니다. 그리스가 강했을까요, 페르시아가 강했을까요? 우리가 이런 비교를 쉽게 이야기하잖아요. 비교 자체가 불가능한 겁니다. 페르시아는 세계 최초의 제국이었고, 당시 세계 인구의 44%에 해당되는 약 5천만 명가량이 페르시아 제국에서 살았습니다. 영토 크기도 비교가 안 됩니다. 아테네는 그리스 반도 일부에만 있었지만, 페르시아는 현재의 터키, 이라크, 시리아, 요르단, 이란까지 광대한 지역을 지배하고 있었습니다.

다리우스 대왕이 수사에서 출병해 약 2천 km를 행군해서 아테네를 공격합니다. 아테네는 폴리스라고 했죠? 방어에 성공합니다. 산악 국가이기 때문입니다. 2천 km를 행군해서 수십만의 군대를 이끌고 간 나라가 국력이 강합니까, 산악 지형을 이용해 안방에서 막아 내는 나라의 국력이 강합니까? 그건 비교 자체가 불가능하지요.

로마 시대에는 파르티아가 있었습니다. 파르티아는 500년 제국입니다. 기원전 2세기부터 기원후 2세기까지 지속됐습니다. 중동 역사에서, 또 세계 역사에서 500년 제국은 흔치 않습니다. 한반도에서 조선 500년이란 것도 대단하게 평가하잖아요. 그런데 이 500년 동안에 로마는 파르티아를 이기지 못했습니다. 경계는 유프라테스 강이었습

삼두정치

고대 로마가 공화정에서 제정으로 넘어가는 과도기에 나타났던 정치 형태로, 3명의 지도자가 동맹하여 행한 전제 정치이다. 폼페이우스, 크라수스, 카이사르의 1차 삼두정치와 옥타비아누스, 안토니우스, 레피두스의 2차 삼두정치가 있다.

니다.

전통적으로 서양 세력과 오리엔트 세력 간의 경계는 유프라테스 강이었습니다. 이 강이 시리아로 흘러가죠. 로마의 크라수스, 폼페이우스, 카이사르가 1차 삼두정치를 합니다. 그때 크라수스가 동방 원정의 책임자로 파르티아를 공격하다가 전사함으로써 1차 삼두정치가 깨집니다. 그 이후로 로마에서는 파르티아를 공격하지 않는 것이 불문율이었습니다.

그 결과 로마는 제국을 팽창시킬 때 비옥한 초승달 지역을 포기하고 서쪽으로 지중해를 공략하면서 나아갑니다. 이렇게 해서 튀니지 카르타고부터 스페인까지 거대한 지중해 해상 왕국이 만들어진 것입니다. 물론 파르티아도 서쪽에 있는 로마를 꺾기에는 역부족입니다. 그래서 파르티아의 관심은 동쪽에 있는 중국이었습니다. 중국과 훨씬 더 긴밀한 관계를 맺고 접촉을 합니다. 그렇다면 중국의 역사에는 로마가 중요할까요, 파르티아가 중요할까요? 로마보다 파르티아가 훨씬 더 중요한 나라로 자세하게 기술돼 있습니다. 이 파르티아가 한자로 '안식국安息國'입니다.

파르티아는 중국의 비단을 비싼 값으로 로마에 팔고, 로마의 금은 세공품과 주화 유리 제품들을 중국에 팔았습니다. 이렇게 양 국가의 국제 교역을 통한 물적 기반을 토대로 500년간 유지됐습니다. 따라서 파르티아를 재평가하고 그 역사를 복원하지 않으면 세계사의 흐름이 끊깁니다. 심지어 우리 역사도 해석이 안 되는 부분이 생깁니다. 예를 들어볼까요?

신라 고분에서 25점의 유리 제품이 발굴됐습니다. 로만글라스 또는 페르시안글라스 계통으로 알려져 있습니다. 로마에서 만들어졌지만 페르시아를 거쳐 갔기 때문에 그렇게도 부릅니다. 1980년대 중반까지만 해도 한국 미술사 쪽에서는 이 유물이 신라 장인들의 기술이라고 우기는 논문이 많이 나왔습니다. 왜냐하면 그것들이 4세기나 5세기 것이거든요. 1,500년 전 로마의 유리가 신라까지 왔을 거라고는 상상도 못하는 겁니다. 그 이전 역사인 파르티아를 안 가르치니까 생긴 일입니다.

지금은 과학이 발달하다 보니 유리 성분을 분석하면 이 유리를 만든 연대가 몇십 년 이내의 오차 범위로 좁혀지는 수준입니다. 그러니까 이 유리가 어느 시기에 어떤 재료를 가지고 어떤 장인이 어느 공장에서 어떤 기술로 만들었는지 확인이 될 뿐더러 사이버 박물관을 연결해서 유물의 뿌리를 거의 추적할 수 있습니다. 그래서 신라에서 출토된 25점의 유리 제품들이 직수입품이라는 게 학문적으로나 과학적으로 검증되었습니다. 이제 또 다른 고민이 생겼습니다. 두 번째 패닉이죠. 이 유리 제품이 어떻게 신라까지 올 수 있었는가? 이렇게 또 다른 질문이 생기는 겁니다.

파르티아는 이미 로마의 금은 주화와 금은 공예품 그리고 유리를

경주 황남대총에서 발굴된 페르시안글라스(국립중앙박물관)

가져다가 중국에 팔면서 500년 동안 물적 기반을 가지고 제국을 이룩했던 나라입니다. 이 나라가 중국까지 가져다줬던 유리 제품을 바로 코앞에 있는 신라까지는 안 가져갔을 거라고 생각한다면, 그것이 오히려 논리적인 비약이겠죠? 너무나 자연스러운 물류의 흐름인데 이 500년 제국을 역사에서 빼 버리니까 문제가 생기는 겁니다. 로마는 모르는 사람이 없지만 파르티아는 들어본 사람이 별로 없잖아요. 그러니까 세계 역사의 흐름이 엉망진창이 되는 겁니다. 파르티아가 왜 중요한가? 로마만큼은 아니지만 동양사 입장에서는 사실 로마에 못지않게 이 나라를 가르쳐야 되는 겁니다.

사산조 페르시아 시대 때는 비잔틴 제국(동로마)이 있었습니다. 동로마는 다 아시잖아요. 사산조 페르시아와 동로마 제국은 300년간 전쟁합니다. 사산조 페르시아 때도 유프라테스 강을 경계로 오리엔트와 비잔틴 제국이 나뉩니다. 300년간 이 경계가 유지됩니다. 유프라테스 강이 문화의 경계선이었습니다.

300년 전쟁, 들어 보셨어요? 인류 역사상 가장 긴 소모 전쟁입니다. 오리엔트를 대표하는 사산조 페르시아와 서양을 대표하는 동로마 제국이 싸운 겁니다. 이 전쟁에 비하면 유럽의 장미전쟁, 30년 전쟁, 백년전쟁은 사실 가문끼리 싸우는 골목 싸움입니다.

이 두 슈퍼파워가 300년간 전쟁했다고 생각해 보십시오. 300년간 두 제국의 치하에 살던 피지배 민족들의 삶을 추측해 보십시오. 300년

메카
사우디아라비아 서남부의
도시. 무함마드가 태어난
곳으로 이슬람의 성지이
다. 메카라는 단어는 '어
떤 분야의 중심. 지구의
배꼽'이라는 의미로도 쓰
인다.

간 약탈, 수탈, 전쟁 경제를 경험하는 겁니다. 이런 상황에서 어떤 정치적인 이데올로기가 등장해서 의식주 공급 체계를 정리해 주고, 예측 가능한 경제 시스템을 마련해 준다면 환영할 수밖에 없는 정치적인 블랙홀 상태가 300년간 계속됐던 겁니다.

🏔 이슬람의 등장

이때 이슬람이 등장합니다. 대상의 아들로 태어난 무함마드가 사막 오아시스 메카에서 하늘에서 뚝 떨어진 종교를 만들었다고 교과서에서 가르치잖아요. 이슬람 이전에 어마어마하게 축적된 문화적 지식과 역사와 문화적 하부 구조가 있는데, 그것은 설명하지 않고 사막에서 무함마드라는 한 이상한 사람에 의해서 하늘에서 뚝 떨어진 종교로 이슬람을 이해합니다. 그러니 1,400년이 지난 오늘날까지 지속 가능하게 역동적으로 그렇게 많은 사람들을 불러 모으면서 이슬람이 성장해 가는가를 이해할 수 없는 겁니다. 이전 역사는 다 빼고 무함마드부터 가르치니까 이런 일이 생깁니다.

오리엔트 지역에는 이미 인류가 만들어 왔던 온갖 지혜와 시행착오와 과학과 기술이 차곡차곡 샌드위치처럼 축적된 문화적 자양분이 있는 겁니다. 거기에 이슬람이 새로운 이데올로기의 깃발을 꽂고 일어섭니다. 바로 그 자양분이 있었기 때문에 지속 가능한 문화적 공급이 이루어진 것이죠. 그에 비해 유럽이나 라틴아메리카는 문화적 바탕이 척박하다고 할 수 있겠죠. 이 관점에서 보면 이슬람을 문화적으로 다르게 볼 수 있습니다.

그럼 왜 이 시기에 이슬람이 메카에서 태어났을까요? 두 슈퍼파워가 싸우는 동안 유일한 정치적 공백이 바로 아라비아 사막입니다. 양쪽 모두 여기는 거들떠보지 않잖아요. 중국에서 출발한 비단길 1번 고대 고속도로가 카스피 해 남부로 해서 콘스탄티노플로 갑니다. 여기가 바로 오리엔트와 비잔틴을 아우르는 대시장, 그랜드 마켓입니다. 그런데 이 두 나라가 300년간 전쟁을 하니까 1번 루트가 마비됩니다. 여기를 못 지나가니까 우회로를 찾아야 됩니다.

지리적으로 보면 걸프 쪽으로 내려와 아라비아 반도를 돌아 홍해를 거쳐 다시 지중해를 통과해 콘스탄티노플로 가야 합니다. 그러나 서기 600년대였던 당시에는 항해술이 발달하기 전입니다. 낙타를 타고 오던 상인들이 배로 옮겨 타고 육로와 해로를 거쳐 콘스탄티노플까지 가려면 어떻겠습니까? 장사는 그때나 지금이나 비용 계산이잖아요. 가격과 물류와 비용이 맞아 떨어져야 하는데 비용 계산이 도저히 안 되는 겁니다. 이 정도면 장사를 포기할 수밖에 없는데, 배를 만들지 않고 가는 방법에 뭐가 있을까요? 바로 사막을 횡단하는 최단 거리를 목숨을 걸고 찾는 겁니다. 그 과정에 수많은 사람이 죽었습니다.

사막을 횡단하려면 오아시스를 찾아야 합니다. 오아시스는 200km가 생존 반경입니다. 하루 30 내지 40km를 이동한다고 하면 1주일

생존의 위협을 무릅쓰고 사막을 횡단했던 대상과 낙타

내에 물을 찾아야 합니다. 가만히 있어도 1주일간 물을 안 먹으면 생명이 위험한데, 하물며 그 뜨거운 땅에서 에너지를 발산하는데 1주일간 물을 못 마시면 살 수가 없죠. 그래서 생존 반경이 200km입니다. 그 안에 오아시스를 못 찾으면 다 죽는 겁니다. 건너야 할 사막의 거리는 모두 2천 km에 달합니다. 뜨거운 볕을 이겨 내고 살아남아야 합니다.

하지만 장사꾼들이 무역을 포기할 순 없습니다. 목숨을 걸고 오아시스를 찾아서 마침내 아라비아 중서부에 있는 메카에 도달합니다. 이때 메카와 다마스쿠스 사이에는 홍해변을 따라서 이동하는 루트가 형성돼 있었습니다. 이 루트는 아주 고대부터 있었고, 다마스쿠스와 콘스탄티노플 그리고 로마까지 이어집니다. 애초에는 유향을 팔기 위해 만들어진 길입니다.

새로 만든 루트가 메카와 만나면서 자연스럽게 메카가 허브 도시로 성장합니다. 요즘 말로 하면 세계적, 국제적 창의 도시가 됩니다. 물류가 몰리니까 사람이 몰리고, 사람이 몰리니까 첨단 과학과 기술이 몰리고 국제 정보가 모이잖아요. 덕분에 메카와 메디나가 새롭게 번성하게 됩니다.

바로 이 시기에 무함마드가 이슬람이라는 종교를 계시받고 무주공산인 사막을 가로질러서 페르시아로 달려갑니다. 페르시아를 툭 치니까 하루아침에 무너집니다. 이곳은 300년간 병들어 있잖아요. 왼쪽 비잔틴 제국도 툭 치니까 얼른 도망갑니다. 오리엔트 땅에서 비잔틴과 페르시아가 물거품처럼 사라집니다. 페르시아는 오리엔트 영역 전체를 장악하고 비잔틴을 유럽 땅 콘스탄티노플로 몰아냅니다.

이슬람이 그 당시 슈퍼파워였던 사산조 페르시아와 비잔틴이라는 지식 창고를 동시에 장악합니다. 이제 세상에 두려울 것이 없겠죠? 그 탄력으로 종횡무진 확산을 거듭합니다. 이슬람 제국은 100년이 채 되지 않은 시간에 중동 전역은 물론, 중앙아시아, 인도, 북아프리카를 장악하고 711년 지브롤터 해협을 건너 스페인, 732년에는 프랑스 파리 교외까지 진출하는 거대한 세력으로 성장합니다. 위로는 우즈베키스탄, 동쪽으로는 인도 파키스탄까지 다다랐습니다. 불과 100년 만에 세 대륙을 무슨 공기압 터지듯이 순식간에 퍼져 나간 겁니다.

이게 인류 역사상 최대의 미스터리입니다. 사막 한가운데서 생겼다는 이슬람이 어떻게 100년 만에 세 대륙을 평정할 수 있었을까? 이걸 설명할 방법이 없으니까 토마스 아퀴나스라고 하는 중세 최고의 신학자가 '한 손엔 칼 한 손엔 꾸란'이라는 담론을 만들어 냈습니다. 믿지 않으면 죽이니까 무력과 칼의 위협에 두려워서 개종했다고 주장합니다. 당시 이슬람의 팽창을 두려워하던 유럽을 위무하기 위해서 이 말을 지어낸 겁니다.

두 번째 미스터리는 한번 이슬람화된 지역은 1,400년이 지난 지금까지도 이슬람으로 남아 있다는 겁니다. 자발적으로 이슬람에 흡수

되지 않고서는 도저히 불가능한 일입니다. 그러니까 '한 손에 칼 한 손에 꾸란'이라는 말로 설명이 안 되는 겁니다. 우리나라 교과서에도 '한 손에 칼 한 손에 꾸란'이란 내용이 나왔습니다만, 지금은 다 삭제했습니다.

우리가 전혀 다른 방식으로 오리엔트와 중동의 역사 그리고 이슬람의 성장을 바라보지 않으면 안 되는 이유가 여기에 있습니다. 물론 제 말이 다 옳은 건 아닙니다. 그러나 이렇게 또 다른 관점을 제시하면, 반론도 하고 토론도 하면서 우리의 인식 지평을 넓혀 가야 할 것입니다.

사막에서 만들어진 아주 작은 세력이, 힘도 있어야 하고 군대도 있어야 하고 돈도 있어야 할 텐데, 어떻게 이렇게 승승장구할 수 있었을까? 이슬람이라는 종교의 확산만 가지고 설명하기는 어렵습니다. 이슬람 자체가 가지고 있었던 통치 노하우가 동시에 설명되어야 합니다.

이슬람 제국은 인두세 납부 조건으로 기존 종교와 전통은 보호해 줬습니다. 예측 가능한 삶을 경험하게 해 줬습니다. 300년 만에 의식주 공급 시스템이 확립됐습니다. 처음으로 토지 공개념 제도를 도입합니다. 25% 정도의 토지세를 내는 조건으로 어떤 땅이든지 마음 놓고 경작할 수 있도록 하고, 인류 역사상 처음으로 사유재산을 인정해 줍니다. 유럽에는 중세까지도 농노, 노예 제도가 있었잖아요. 이미 이 시대에 사유재산을 인정해 줬다는 것은 표준적 삶 자체가 변화된 것입니다.

또 다른 특징적 통치 전략은 기존 기득 세력을 그대로 살려 두고 인정해 주었습니다. 1%도 안 되는 오아시스의 아랍 지배 권력이 광대한 지역을 통치할 수 없었기 때문에 통치 패러다임을 확 바꿉니다. 일반적으로 남의 나라를 정복하면 기존 토호 세력을 모조리 제거하고 새로운 세력을 심어 놓잖아요. 그런데 이슬람 제국은 기존 토호와 토착 세력들을 그대로 받아들입니다. 정치적으로 복속시키고 군사적으로 통제하면서 세금을 내는 조건, 정치적으로 반발하지 않는다는 조건으로 기득권을 인정해 줍니다. 예전 같았으면 모조리 죽어야 될 세력들이 일정한 세금을 내면서 줄어든 기득권을 유지할 수 있기 때문에 상호 절충이 가능했습니다. 이것이 바로 1%도 안 되는 소수의 지배 권력이 광대한 지역을 통치할 수 있었던 노하우입니다.

기득 토착 세력의 배반을 방지하기 위해서 소위 말하는 '왕의 귀', '왕의 눈', 즉 심복 중의 심복을 보내 분할해서 견제시키면서 통치하는, 현대 정치의 삼권 분립에 해당하는 느슨한 제도도 이때 시행합니다. 서로가 지켜보고, 서로 반목하도록 이간질을 시키는 역할을 할 심복 두 사람을 보냅니다. 그게 다 성공하지는 않았지만, 당시로는 상상할 수 없는 새로운 시스템이 앞서 이야기한 제도들과 만나서 확산의 토대가 된 것입니다. 자세한 견제 통치 방식은 2강에서 다시 소개하겠습니다.

IS는 누구인가?

2015년 2월, 저는 터키에 갔을 때 한국대사관 관련자와 현지 전문가들을 만나 IS의 정세와 IS에 가담한 김 군 역할과 소재를 놓고 몇 차례 의견 교환 회의를 가진 적이 있었습니다. 현지 전문가들조차 IS의 성격을 제대로 파악하지 못하고 있는 것을 보고 당혹감을 느낀 적이 있었습니다.

알 자르카위

요르단 출신의 국제 테러리스트이자 이라크 무장단체인 '유일신과 성전'의 지도자. 알 카에다 이라크 지부에서 자폭 테러, 외국인 납치, 살해 등을 주도했다.

IS는 알 카에다의 이라크 지부로 출발합니다. 여러분 김선일 사건 다 기억하시죠? 김선일 씨의 처형을 담당했던 조직이 지금 IS의 모태입니다. '유일신과 성전'이라고 하는 이름으로, 알 자르카위가 대표로 있던 단체입니다. IS의 핵심 지도부는 대부분 요르단 출신입니다.

핵심 전력은 사담 후세인 잔당

미국이 이라크를 침공해서 사담 후세인 체제가 붕괴되고 후세인도 처형당하면서 약 40년간 이라크를 지배했던 수니파 주류 세력들이 하루아침에 반정부 세력이 되고 소수파로 전락해 버리죠? 그들이 이라크의 정보와 군사력, 무기와 네트워크를 다 쥐고 있던 사람들입니다. 그런데 미국이 그 정권을 빼앗아 반대파인 시아파에게 넘겨줬습니다. 완전히 뒤엎어 버렸죠.

그런데 시아파는 경험이 없습니다. 시아파 새 정부가 군경을 뽑았지만 아무도 훈련을 받아 본 적이 없는 겁니다. 총 한 번 쏘아 본 적 없는 사람들이 군인이 되고 경찰이 됐습니다. 사담 후세인 시절에 훈련받았던 정예병들은 모두 일자리를 잃고 소외받아 오갈 데가 없어졌습니다. 그들이 무기와 전술, 경험을 가지고 알 카에다 이라크 지부를 살찌웁니다. 그들이 지금 IS의 핵심 세력이 된 것입니다.

지금 IS의 전술과 전략을 시리아도 못 따라가고, 이라크도 못 따라갑니다. 미국도 쉽게 손대지 못할 정도입니다. 과거 이라크의 최정예 엘리트 군인들이 다 거기에 들어가 있기 때문입니다. 사담 후세인 밑에서 사령관을 하던 별 2개 육군 소장 출신이 지금 IS군을 지휘하고 있다고 알려져 있습니다. 역전의 베테랑입니다. 정규군이나 다를 바가 없습니다. 이쪽은 민병대가 갓 훈련해서 배치된 거고요. 그러니까 이라크가 IS와 붙으면 백전백패하는 겁니다.

시리아에서는 내전이 5년째 계속되고 있습니다. 이라크에서는 미국이 재작년에 철군했습니다. 이라크에서 미군이 빠짐으로써 보호해 주던 빅 브라더가 없어지잖아요. 그래서 사담 후세인 잔당들이 무능한 정권에 대항해서 본격적으로 투쟁을 벌이게 됩니다.

이라크는 대혼란 상태, 시리아도 5년째 내전 상태이다 보니 이라크 북

서부와 시리아 동북부가 무주공산이 됩니다. 이 틈바구니 속에서 이라크 팔루자를 중심으로 조그만 세력을 형성하던 IS가 전선을 넓혀서 시리아 아사드 정권을 무너뜨리려는 반군에 가담합니다. 국제 반군입니다. Syria Free Army라고 해서 '자유 시리아군'이라고 부릅니다.

서방의 막대한 지원을 받는 시리아 반군의 핵심

아사드는 서방이 몰아내고자 하는 사회주의 독재 정부로, 러시아의 후원을 받고 있습니다. 미국과 온건 사우디, 터키, EU 국가들이 다 시리아 반군을 지원하게 되겠죠? 그 반군의 핵심이 IS입니다. 물론 그때까지는 IS라는 이름이 아니었죠. 알 카에다 이라크 지부였습니다. 시리아 아사드 정권을 몰아내려고 반군에게 어마어마한 첨단 무기와 경제적인 지원을 할 거 아니에요. 그걸 바로 IS가 다 먹은 겁니다. 참 아이러니하죠? 이런 맥락을 여러분도 좀 아실 필요가 있습니다. 전문가들이야 상식적으로 다 알고 있지만, 일반인들은 하도 복잡하다 보니 쉽게 알 수가 없잖아요.

반군의 통합사령부가 현재 터키에 있습니다. 시리아 내에선 있을 수 없잖아요. 거기에는 과도 정부도 있고, 그림자 내각까지 다 있습니다. 아사드가 무너지면 바로 접수할 임시 정부가 터키 내에서 가동 중입니다.

그런데 반군 내부를 들여다보면 종파도 다르고 부족도 다르며, 수준도 오합지졸이고 내부 갈등도 끊이지 않아 통합이 안 됩니다. 반군끼리 서로 치고받고 하니까 알 카에다 이라크 지부의 강경파들이 이들과는 더 이상 같이 못 하겠다고 판단하고 독립해서 떨어져 나옵니다. 그 무기와 어마어마한 돈을 챙겨서 말입니다. 그게 IS가 됩니다.

이름도 ISIL(이라크-레반트 이슬람 국가), ISIS(이라크-시리아 이슬람 국가)로 바꾸다가 2014년 6월에 공식적으로 이슬람 스테이트Islamic State, 즉 우리가 정통 이슬람 국가를 만들겠다 해서 IS라고 이름을 붙입니다. 시리아 반군들은 자기네 핵심이 떨어져 나가니까 지금은 오합지졸 상태가 돼 버렸습니다.

떨어져 나간 IS가 왜 급성장할까요? 기본적으로 무기와 돈이 있었고, 거기에 더해 전략을 완전히 바꿉니다. 지금까지 알 카에다와 같은 급진 테러 조직이 추구해 왔던 전략을 서구도 혀를 내두를 정도로 완전히 뒤엎어 버립니다.

첫 번째, 은행 등을 공격 목표로 삼습니다 군경을 공격하면 무장이 잘 돼 있으니까 아무래도 불리하잖아요. 그 대신 은행을 공격합니다. 은행은 상대적으로 경비가 허술합니다. 어떤 은행을 털어도 거기엔 현찰과 금궤가 있습니다. 그중 대표적인 게 모술 은행입니다. 모술은 인구 120만 명으로 북부 이라크에서 가장 큰 도시입니다. 거기 중앙은행을 털어 몇천만 달러어치 금궤를 탈취합니다.

두 번째, 인질 납치를 전문으로 합니다 납치 비즈니스입니다. 한 사람당 500만 달러가 기본입니다. 500만 달러면 우리나라 돈으로 50억 원 좀 넘겠지요. 이탈리아 인질 20여 명을 한 사람당 600만 달러씩 받고 풀어 줬습니다. 일본인 고토 겐지 때는 한 사람당 1억 달러씩 너무 많이 요구했죠. 돈이 너무 크기도 했지만, 일본과의 협상이 성사될 가능성이 없으니 자기네 홍보를 극대화하려고 잔인한 방법으로 처형했습니다. 잔혹하면 잔혹할수록 이목을 끄니까요.

세 번째, 교도소를 습격합니다 교도소도 군경보다는 수비가 허술하잖아요. 교도소엔 누가 있나요? 적개심과 분노에 불타는 정치범들이 수두룩합니다. 습격과 동시에 그 사람들을 완벽하게 정신 훈련된 전사들로 받아들이는 겁니다. 죽음을 기다리고 있던 그들입니다. 그들은 기회만 주어지면 무슨 짓이라도 할 수 있는 사람들입니다.

네 번째, 유전을 장악합니다 그 일대는 다 유전 지대입니다. 유전을 장악해서 밀매합니다. 그것을 누가 사나 싶겠지만 옛날부터 터키와 시리아, 이라크가 접경한 이곳의 경제적인 기반이 석유 밀매였습니다. 정부는 석유 관련 세금을 200%씩 얹어서 받습니다. 터키 같은 곳은 휘발유 값이 리터당 2,800~3천 원 하거든요. 세계에서 제일 비쌉니다. 석유 값보다 2배나 많이 세금으로 뜯기니까 밀매가 각광받는 겁니다. 3분의 1 가격으로 거래가 되니 안 살 사람이 없습니다. 이 지역에서 유전을 확보하면 시장은 어마어마하게 있는 겁니다. IS는 석유 밀매만으로 하루에 20억 원 정도를 벌어들인다고 합니다. 이렇게 IS는 세계에서 가장 부유한 테러 조직이 됩니다. 이 돈을 가지고 선전 선동을 하는 것입니다.

인터넷과 SNS를 통한 심리전

요즘은 못 들어가게 차단됐습니다만, IS 홈페이지를 보면 기가 막히게 꾸며 놨습니다. 구글이나 페이스북 못지않게 환상적으로 만들어 놨습니다. 애니메이션도 깔아 놓고요. 슈어스팟surespot이라고 자기네들끼리 암호로 채팅하는 메신저까지 다 구비해 놨습니다. 이걸 통해 전 세계 사람들을 끌어들입니다. '불평불만 있는 사람 다 모여! 존재감 없는 사람들은 영웅 만들어 줄게!' 하는 메시지를 전파합니다. 지원하면 사용할 수 있는 최첨단 무기의 성능까지 소개해 놓았습니다. 게다가 결혼까지 시켜 줍니다.

IS에는 유럽 젊은이들이 3,500명 가까이 들어가 있습니다. 영국, 프랑스, 독일 국적을 가진 이주민 2세, 3세 자녀들이 많은 것으로 알려져 있습니다.

이번에 터키에 가서 충격을 받았던 사실이 있습니다. 터키는 NATO(북
대서양조약기구) 가입국으로 NATO 공군기지도 있고, 정규군도 68만 명
이나 되는 군사 강국입니다. 치안도 철저합니다. 김 군이 월경한 그
지역에는 현재 계엄이 선포돼 있어서 함부로 못 다닙니다. 그 삼엄한
경계를 뚫고 성공적으로 밀입국한 사람이 3,500명이란 겁니다. 밀입
국에 실패해 체포되어 강제 추방된 사람이 11,800명이라고 합니다.
터키 당국이 밝힌 내용입니다. 구름처럼 몰려드는 겁니다. 김 군도 그
중 한 명입니다.

김 군 사례가 패러다임을 바꿔 놓았습니다. 지금까지는 유럽의 이슬
람 이주민 2세, 3세가 주로 몰려드는 줄 알았습니다. 이슬람과 전혀
상관없었던 김 군은 독실한 기독교 가족이고, 아버지도 공무원입니
다. 중산층 가정에서 제대로 성장한 아이입니다. 물론 대인관계에서
문제가 있었죠.

IS는 사회적 부적응자, 은둔형 외톨이, 집안과 학교에서 소외되고 따
돌림을 당하며 인간 취급받지 못하고 기회만 있으면 자살을 생각하
는 아이들에게 메시지를 전합니다. 첨단 무기를 가지고 존재감과 자
긍심을 만들어 주겠다, 영웅을 만들어 주겠다, 5천 달러 정도씩 돈도
주겠다, 여자 친구 하나 사귀지 못한 사람들에겐 결혼도 시켜 주겠다
등등.

1%의 비뚤어진 아이들만 관심을 보인다 해도 적은 숫자
가 아닙니다. 500만 청소년의 1%만 해도 5만 명이잖아
요. IS의 타깃은 바로 이 1%입니다. 99%가 천인 공로할
반인류적 범죄 집단이라고 욕해도 상관없는 겁니다. 관
심을 유발하는 1%를 위해서 가장 잔혹한 방법, 가장 선정적인 방법,
가장 극단적인 방법으로 메시지를 전달하는 겁니다. 그리고 서방 언
론의 선정성 경쟁 보도 생리를 자유자재로 이용하면서 뉴욕 타임스나
CNN의 실시간 헤드라인 뉴스를 통해 자신들의 존재감을 전 세계에
알리는 데 성공한 거지요. 뒤늦게 이를 깨달은 서방 언론들이 최근에
는 IS 보도에 극도로 조심하는 모습을 보여 주고 있습니다. 그런데 국
내 언론은 아직 잘 모르겠어요.

또 놀라운 사실은 IS가 일본 인질 석방 협상을 벌이면서 잘 안 되자 맞
교환을 주장했던 요르단 조종사를 화형했잖아요. 정말 끔찍한 일이
죠. 저도 조금 보다가 꺼 버렸는데요, IS 홈페이지에 있는 그 화형 동
영상 옆에 무슨 동영상이 올라와 있는지 아십니까? 재작년 이스라엘
이 팔레스타인 하마스HAMAS를 목표로 미사일 공격을 했을 때 영상입
니다. 미사일 공격을 하면 화염 때문에 집이 다 불탑니다. 그때 팔레
스타인의 어린 여자아이가 새카맣게 불에 탔습니다. 그 동영상을 같
이 올려놨습니다.

가족이 잠자고 있는 가정에 미사일을 쏘아서 팔레스타인의 어린 여

자아이가 불에 타 죽어 가고 있을 때 너희는 뭐 하고 있었느냐? 우리를 죽이려고 공격했던 조종사의 화형에 대해 온 세상이 이렇게 분노하는데 이게 공정하냐? 그렇게 홈페이지에 올려놨습니다. 그걸 보고 혹하는 아이들이 있겠습니까, 없겠습니까? 용납할 수 없는 범죄 집단이지만, 그들이 왜 그런 행위를 하느냐에 대한 정확한 진단을 해야 정확한 대책도 나오지 않겠습니까?

IS가 쉽게 궤멸되지 않는 이유

마지막으로 말씀드리고 싶은 것은 IS는 궤멸되지 않습니다. 궤멸될 수 없는 조직입니다. 어떤 지상군을 보내서 공격해도 없어지지 않습니다. 왜 그럴까요?

미국의 이라크 공격으로 죽은 민간인 희생자가 22만 명 정도 됩니다. 물론 NGO별로 집계된 사망자 수는 다 다릅니다. 가장 적은 숫자가 15만 명이고, 가장 많이 잡는 데는 100만 8천 명에 달합니다. 정확한 통계가 불가능하니까 수치 차이가 크게 나죠? 객관적으로 20만에서 22만 정도로 보는 것이 합리적인 추산 같습니다.

가족의 눈앞에서 희생된 사람만 22만 명입니다. 곱하기 5를 하면 직계 가족만 100만 명입니다. 어떤 도덕적 명분이 개입되더라도 생명의 가치와 무게는 누구에게나 동등합니다. 자기 가족과 자기 생명은 그 무엇과도 바꿀 수 없는 소중한 것 아닙니까?

미군은 6,800명이 전사했습니다. 미군이 죽으면 성조기로 관을 싸서 전세 비행기에 실어 옮기고 CNN은 생중계합니다. 온 국민이 애도하는 가운데 알링턴 국립묘지에 안장되고, 그 사람이 다녔던 대학교 도서관에 흉상이 만들어져서 자랑스러운 전사로 기억됩니다. 그 정도는 국가가 해야 할 당연한 책무입니다. 미국을 나쁘다 하는 사람도 있지만, 이런 점 때문에 미국을 존중할 수밖에 없는 이유도 있는 겁니다. 어쨌든 그건 부러운 일이죠.

그러나 미군 병사에 의해 죽어 간 사람들의 목숨과 생명에 대해 우리가 얼마만큼 알고 있고 관심을 가졌느냐고 묻고 싶습니다. 이 죽음에는 당사자가 있습니다. 어떤 합리적 기준과 도덕적 틀로도 설명할 수 없는 극단적 분노와 복수를 꿈꾸는 집단이 존재하는 겁니다. 직접적인 당사자만 백만 명입니다. 이들은 기회만 되면 자기 몸을 던져서라도 눈앞에서 죽어 간 가족, 부모와 형제, 자매, 자녀들의 원수를 갚고자 하는 사람들입니다.

이게 바로 분노의 문화입니다. 이 분노의 크기는 그 어떤 공격으로도 없어지지 않습니다. 언젠가 IS 지도부가 궤멸될 수도 있을 겁니다. 그러나 바로 그 순간 IS보다도 훨씬 과격한 또 다른 테러 집단이 생길 수밖에 없습니다. 이게 지금 테러의 태생적 구조인 거죠. 이 사회가 가지고 있는 끔찍한 현실입니다.

한 인문학자의 순진한 잠꼬대라고 얘기할진 모르겠습니다. 물론 그 어떤 경우에도 IS를 용납할 수 없죠. 국제 공조를 통해서 그런 반인륜적 테러 집단을 궤멸해 나가야 합니다. 당연한 일이죠. 하지만 전쟁과 상관없이 자기 가족을 잃은 분노 집단들을 위한 경제적 지원, 난민들에 대한 구호, 전쟁 후유증에 대한 심리적인 치유 프로그램이 동시에 가동되는 '투 트랙의 전략'이 필요한 겁니다. 이 분노 집단을 내버려둔 채로 IS만 궤멸한다면 무슨 일이 일어나겠습니까?

요즘 비대칭 전쟁의 특징이 한 사람의 테러분자를 사살하기 위해 공격하면 평균 8명에서 9명의 아무 상관없는 민간인이 동시에 죽는다는 겁니다. 그렇게 되면 IS가 궤멸됐다 하더라도 그보다 10배가 넘는 또 다른 분노 집단이 생깁니다. 그러니까 미국의 전략이 실패할 수밖에 없는 겁니다.

알 카에다가 저지른 9·11 테러가 2001년에 발생했으니까 벌써 14년이 지났네요. 미국의 한 통계에 따르면 지난 14년 동안에 대테러 전쟁에 사용된 정부 예산이 3조 4천억 달러라고 합니다. 공식 통계입니다. 3조 4천억 원이 아니라 3조 4천억 달러입니다. 알 카에다가 없어졌을까요? 알 카에다는 5천 명 내지 6천 명 정도의 규모로 봅니다. 지도부는 와해되었지만 아직도 알 카에다는 건재합니다.

지금 IS는 정규군 5만 정도의 규모입니다. 알 카에다의 10배입니다. 지난 14년 동안 그 엄청난 돈을 들여서 알 카에다와 전쟁을 했는데 알

카에다는 지금도 건재합니다. 뿐만 아니라 그보다 10배나 많은 IS가 새롭게 등장했습니다. 대답은 나왔죠? 그래서 우리가 다른 방식의 치유 프로그램과 해결 방법을 찾아야 되는 겁니다.

김 군의 두 갈래 길

다시 돌아와서, 그럼 김 군은 어떻게 할 것인가. 제가 회의 때마다 관련 당사자들에게 마지막으로 했던 말은 '수단과 방법을 가리지 말고 김 군을 빼와야 한다'라는 것이었습니다. 물론 '저희도 그건 알고 있다'라고 대답을 하더군요. 사안의 중대성을 잘 인식하고 있는 것 같습니다.

통상적으로 IS는 4개월 정도의 훈련 과정을 거친다고 합니다. 지금쯤이면 김 군은 군사훈련을 마치고 이슬람으로 개종했을 것이고, 아랍어 교육을 받은 후에 전선에 배치가 되었겠죠. 두 가지 가능성을 봅니다. 첫 번째는 최전선에 투입돼서 총알받이가 되는 겁니다. 주로 외국인 용병들이 총알받이를 하거든요. 지도부들은 2선에 물러나 있습니다. 이 경우에는 전투에서 희생될 가능성이 높습니다.
두 번째 가능성은 홍보 선전 요원으로 활용하는 겁니다. 이게 우리를 두렵게 만듭니다. 일본 언론인 고토 겐지가 참수 되었을 때, 모든 중동 전문가들이 몸값 협상을 하다가 소득이 없으니까 자기네 선전 및 홍보 효과를 극대화하기 위해 잔혹한 방법으로 참수한 것이라고 생각했습니다.

그런데 그게 다가 아니었습니다. 참수 뒤에 IS가 홈페이지에 성명서를 올렸는데 기가 막힙니다. 지난 15년 동안 아베 정권과 그 이전 정권의 중동에 대한 정책, 미국의 대테러 전쟁에 참여할 때 투입된 예산과 비용을 낱낱이 적은 수십 페이지의 보고서를 올린 겁니다. 그걸 보고 일본 정부가 경악했습니다. 누군가 그 모든 정보를 데이터베이스화하고 번역해서 IS 지도부에 보고하는 역할을 했다는 겁니다. 지금 상당수 일본인이 IS에 가담하고 있다는 보도를 보았는데, 제가 아는 교수도 그곳에 있습니다. 아주 급진적인 일본 교수입니다. 김 군이 그런 역할을 할 가능성이 있지요.

한국은 지금 중동에서 최고 인기를 누립니다. 한류 열풍과 더불어 한국 이미지가 굉장히 좋습니다. 모든 사람들이 한국을 좋아하고 따라가고 싶은 롤모델로 삼습니다. '메이드 인 코리아' 제품은 시장 1위를 달리고 있습니다. 그런데 그 사람들은 한국어 사이트에 접근하기가 쉽지 않습니다. 한글을 모르니까요.

그런데 김 군이 그런 역할을 맡아 우리 정부, 우리 기업, 우리 사회가 외국인 무슬림들을 학대하는 경우들만 골라서 보고한다고 상상해 보십시오. 미국과 동맹 관계에서 반테러 전쟁에 앞장섰던 모든 정보들을 정리해서 오픈한다고 생각해 보십시오. 지금까지 우리가 수십 년 동안 쌓아 왔던 어마어마한 친한국 문화 인프라가 흔들릴 수 있습니다. IS에 동조하지 않는 사람조차도 그런 내용이 공개되면 '어? 한국이 그랬어? 우리가 좋아하는 한국이?' 하고 의심하게 되겠죠? 그 파급 효과는 상상을 초월해 더 두렵고 끔찍할 수 있습니다. 그런 일이 벌어지기 전에 김 군을 구출해야 된다는 겁니다.

제2강

선지자
무함마드 이야기

Islam

가난하고 버림받은 자들에게 한
없는 낮춤의 리더십을 갖췄던 무함
마드를 살펴본다. 오늘날 세계 3대
종교로 자리 잡은 이슬람교를 창시한
그를 만나고, 이슬람교를 이해할 수 있다. 스스
로 평범한 인간이라고 말한 무함마드가 추구한 가치는 무
엇일까? 또한 무함마드가 알라의 계시를 받아 집대성한 꾸
란도 살펴본다.

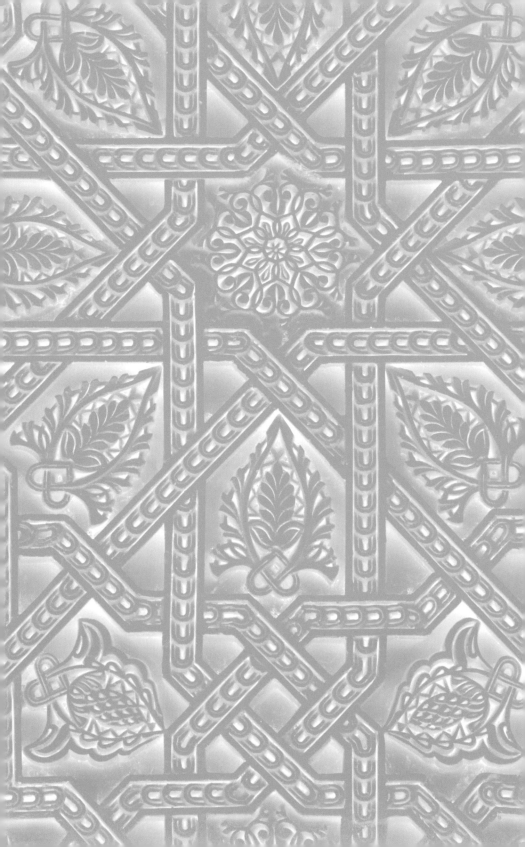

이슬람은 왜 지금도 발전하고 있을까요? 여러 가지 의문 중에 풀리지 않는 수수께끼가 있습니다. 이슬람은 메카라는, 사람도 몇 사람 살 수 없는 자그마한 오아시스에서 생겨났습니다. 610년에 만들어져서 1,400여 년이 지난 지금까지 조금도 사그라지지 않고 역동적인 모습으로 발전해 가고 있습니다. 교세뿐만 아니라 인구수에 있어서도 말입니다.

이 질문에 이제는 종교적으로 칼과 꾸란을 들고 믿지 않으면 사람을 죽인다느니, 서구가 2명을 낳을 때 이슬람 사람들은 10명씩 낳으니까 인구가 늘어나는 거 아니냐는 식의 황당하고 감정 섞인 내용으로 설명하기 어렵지 않나 싶습니다. 이제는 우리가 숨 고르기를 하면서 찬찬히 들여다보고 그 배경을 성찰해 봐야 하지 않을까요?

첫 번째 배경은 1강에서 짧게 언급했지만, 이슬람이 생겨나기 전까지 오리엔트를 지배하던 사산조 페르시아와 유럽을 지배하던 비잔틴 제국이라는 두 슈퍼파워가 비옥한 땅을 놓고 300년간에 걸친 인류 역사상 가장 긴 전쟁을 벌인 것입니다. 이 사실이 교과서에서 별로 언급되지 않고 제대로 알려지지 않았기 때문에 이슬람이 생겨나서 성공하게 된 이유를 설명하기 어려웠던 겁니다.

두 번째 배경은 새로운 실크로드 대동맥이 개발되고 물류 이동로가 개척된 것입니다. 어떤 문화든, 문명이든 지속 가능성을 가지고 성장하려면 인문적인 지식 못지않게 그걸 뒷받침할 수 있는 물적 기반이 바탕이 돼야 합니다. 그래야지 문화, 문명, 국가가 성장해 가는 겁니다. 그럼 어떻게 메카가 대동맥 역할을 하게 됐는지를 살펴봐야겠죠?

세 번째 배경은 새로운 신앙에 대한 선험적 우월감입니다. 그러면 이슬람이 특별히 잘났다는 뜻이냐? 저는 특별히 잘난 게 아니라고 생각합니다. 왜냐하면 이슬람이란 게 그 이전 유대교, 기독교의 판박이거든요. 유대교가 구약을 기준으로 해서 사회적, 시대적 소명을 다했다고 생각될 때 기독교가 만들어졌습니다. 기독교도 15세기 정도에 온갖 사회 병리적 현상 때문에 제 기능을 못하니까 종교개혁이 일어나지 않았습니까?

이슬람은 유대교 전통에 기독교 전통까지 이어받아서 상당히 업그레이드된 종교거든요. 이런 연유로 무슬림들은 이슬람에 대해 이전 종교들과 비교할 수 없을 정도로 선험적인 우월감을 가지고 있는 겁니다. 만약 전혀 다른 종교였다면 우월감을 가질 필요가 없었겠죠? 그래서 중동 사람들은 지나가는 말로 흔히 유대교가 386 버전이라면, 기독교가 486 버전이고, 이슬람은 XP 버전이라고들 이야기합니다. XP 쓰는 사람이 386 절대 못 쓰죠? 486도 쳐다보지 않습니다. 이런 사고가 깔려 있다고 생각하시면 됩니다.

네 번째 배경은 기존 인류가 해 왔던 방식과는 전혀 다른 방식으로 피지배 민족을 다루는 새로운 전략과 철학을 개발한 것입니다. 이게 놀라운 변화입니다. 보통은 다른 나라를 침략한 뒤 완전히 복속시켜서 죽음이냐 항복이냐를 요구하죠. 구질서를 일소하고 새로운 이념과 시스템을 적용하는 것이 국가 창설의 기본적 패러다임이었다고 한다면, 이슬람은 이걸 뛰어넘었습니다. 기득 세력들을 거의 손대지 않고 다 받아들입니다. 놀라운 전략입니다. 어떻게 받아들였는가는 잠시 후에 자세히 말씀드리겠습니다.

마지막으로 우리가 놓치고 있는 부분인데요, 무함마드를 제대로 평가하지 않고서는 오늘날의 이슬람 발전사를 설명하기 어렵습니다. 어떤 조직이든, 종단이든 그들만의 영적 리더십이 있잖아요. 그러나 이 부분에 대해 우리의 평가가 전혀 안 돼 있고, 그나마 알려진 것도 긍정적인 내용이 거의 없습니다. 인간이 형언할 수 있는 가장 모욕적이고 모독적인 언사로 점철돼 있지 않습니까? 이런 구조 속에서 과연 오늘날의 이슬람 성장을 온전히 이해할 수 있을까요? 그들이 생각하는 무함마드의 리더십이 무엇인지, 어떻게 그것이 그 사회를 묶어 주는지를 우리가 이해할 필요가 있습니다.

🕌 몇 가지 질문들

좀 더 구체적인 질문을 던져 봅시다. 첫 번째는 어떻게 1세기 만에 이슬람이 엄청난 규모의 제국으로 성장할 수 있었을까요? 그 빠른 확산의 역사적, 사회 경제적 배경은 무엇일까요? 두 번째는 '한 손에 칼, 한 손에 꾸란'이란 말의 발단과 진위는 무엇일까요? 세 번째는 불모의 사막에서 갑자기 태어난 이슬람이 어떻게 9세기부터 적어도 500년 이상 세계 최고의 과학과 학문의 르네상스를 이룰 수 있었을까요? 네 번째는 세계적인 문명을 형성할 수 있었던 이슬람의 가장 큰 특징이 포용과 융합이었는데, 오늘날에는 왜 이렇게 폐쇄적이고 호전적으로 바뀌었을까요?

이슬람이 원래는 안 그랬는데 서구가 호전적인 모습으로 왜곡한다는 주장은 설득력이 약한 것 같습니다. 실제로 폐쇄적이고 호전적이되어 버렸습니다. 이슬람이 원래 그런 종교가 아니라고 강변해도 설득력이 약합니다. 그보다는 원래 포용과 융합의 종교이던 이슬람이 왜 폐쇄적이고 호전적으로 바뀌었고, 그 내용은 무엇이고 어떤 역사적 배경에서 그렇게 됐을까를 설명하는 것이 좀 더 합리적이라고 하겠습니다.

따라서 근세 이후부터 화려했던 이슬람이 서구에 밀리게 되는 배경과 이유를 살펴볼 필요가 있습니다. 사물을 바라보는 인식론이나 삶을 살아가는 철학적 방식이나 과학과 신학 간의 관계 설정에 있어서 왜 서구에 뒤처지게 됐는가를 봐야 합니다.

사산조 페르시아와 비잔틴 제국 간의 300년간 전쟁을 다시 한 번 복습해 봅시다. 이 두 슈퍼파워가 전쟁을 벌인 이유는 물류 루트를 차지하기 위해서였습니다. 중국의 비단과 인도의 희귀한 향료들은 실크로드 1번 길을 따라 카스피 해 남부를 지나 아나톨리아 반도를 거쳐 콘스탄티노플에 도착하게 됩니다.

그런데 300년간 전쟁을 하니까 물류가 마비됩니다. 전쟁 비용을 조달해야 되니까 지나가는 상인들에게 수수료를 굉장히 높이 쳐서 받습니다. 그러다 보니 상인들에게는 이 길을 따라가면 전혀 수지타산이 안 맞게 됩니다.

우회로를 찾아야 합니다. 아라비아 반도는 전체가 사막입니다. 해로를 따라 가야 하는데 걸프 해를 돌아서 아라비아 반도를 우회하고 홍해를 거쳐서 수에즈를 통과해야 합니다. 이때는 수에즈에 운하가 없었으니 다시 육로로 이동해서 지중해에 도달한 뒤 다시 배를 빌려서 콘스탄티노플로 가야 합니다. 비용 계산이 나올까요? 안 나옵니다.

이슬람이 형성될 때가 7세기 초입니다. 대항해시대를 연 콜럼버스가 등장한 게 15세기 말 아닙니까? 그보다 900년 전에 대규모 항해가 가능한 선박 조선술과 항해술이 없었던 것이 당연하죠. 그러면 어떻게 해야 할까요? 전쟁터를 피해서 콘스탄티노플에 갈 수 있는 지름길을 찾아야 합니다. 아라비아 사막을 가로질러야 하는 거지요. 지난 시간에도 말씀드렸습니다만, 수많은 사람들이 목숨을 걸고 시행착오를 겪은 끝에 메카까지 이어지는 길을 발견합니다. 지금의 쿠웨이트 지역에서 출발해 메디나를 거쳐 메카로 이어지는 길이 수많은 사람들의 목숨을 담보로 발견된 것입니다.

아라비아 오만의 살랄라 지역에 있는 유향과 예멘 지역에 있는 몰약은 고대 중동의 가장 중요한 교역품이었습니다. 당시 로마와 콘스탄티노플에서 가장 인기 있던 품목들이 바로 오만의 유향과 예멘의 몰약이었습니다. 기원전부터 유향과 몰약을 거래하던 루트는 잘 닦여져 있었습니다. 오만과 예멘에서 출발한 유향과 몰약이 홍해를 따라서 메카를 지나 다마스쿠스로 갑니다. 다마스쿠스에서 콘스탄티노플과 로마로 물류가 이어집니다. 당시 다마스쿠스는 비잔틴 제국의 아시아 수도였습니다. 메카까지만 오면 다마스쿠스에서 콘스탄티노플로 갈 수 있는 것이지요. 참고로 몰약은 모르핀의 원료로, 영어로는 미르myrrh라고 하죠. 마취제로 사용되는 아주 중요한 재료입니다. 또 이집트 사람들이 미라를 만들 때 기본 약재로 사용하는 것이 바로 몰약입니다. 방부 처리에 탁월한 효능이 있습니다.

중국에서 출발한 거대한 물류 고속도로가 바로 이곳, 고대 유향과 몰약이 지나가던 거점 도시인 메디나와 메카를 지나가게 되면서 세계적인 국제 교역 도시로 빠르게 성장합니다. 물류와 사람, 최첨단 산업이 바로 이곳에 모인 거죠. 과학과 기술이 집적되는, 요즘 말로 하면 창의적 국제도시로 발돋움하면서 세계의 신화와 사상이 모여듭니다. 그중에서도 메카가 중심입니다. 시리아 다마스쿠스로 이어지는

고대 중동에서 가장 중요한 교역품이었던 몰약(위)과 유향

길을 통해 비잔틴 제국의 최첨단 정보가 수집되고, 또 메디나 쪽에서는 중국과 아시아의 정보들이 모여듭니다. 여기에서 새로운 기운이 형성됩니다.

🕌 비잔틴과 페르시아 제국을 끌어안다

메카가 중심이 된 이슬람 세력이 이제 홍해와 지중해 해안가를 따라 북쪽으로 진격합니다. 당시 세계에서 가장 비옥한 초승달 지역입니다. 동쪽에는 사막입니다. 먹을 게 없죠? 서쪽은 홍해로 막혀 있어 위로 진격할 수밖에 없습니다. 먼저 오른쪽에 있는 페르시아를 툭 칩니다. 바로 넘어집니다. 제대로 전쟁도 못하고 멸망합니다.

이때 살아남은 페르시아의 왕자가 중국으로 도망갑니다. 언젠가는 나라를 되찾겠다는 청운의 꿈을 품고 떠났겠죠? 그러나 당나라에서도 쫓겨나 신라까지 옵니다. 신라에서 화랑도를 훈련시키고 신라의 삼국 통일에 혁혁한 공을 세운 뒤 그 공로를 인정받아 신라 공주와 결혼하고 신라 왕의 부마가 됩니다. 공주와의 사이에서 왕자까지 생산한 뒤 다시 해양 실크로드를 따라서 페르시아로 돌아옵니다. 그 왕자는 옛 사산조 페르시아 제국의 북쪽 카스피 해 남쪽 해안에 소왕국을 세웁니다. 이때는 이미 아랍이 페르시아를 다 차지했습니다. 고토 회복에는 실패하지요.

이 이야기가 500년간 구전으로 전승되어 오다가 10세기 말에 중국

종이가 대량생산되면서 한 이란 학자가 전승을 채록하여 필사합니다. 그 덕분에 〈쿠쉬나메〉라고 하는 필사본이 우리에게 알려지게 됐습니다. 영국 국립도서관 희귀 문서 중에 발굴해서 몇 년째 국제적으로 공동 번역 작업을 해 오고 있습니다. 그중에 신라와 관계된 부분만 추려서 우선 번역해 출판했는데, 의외로 반응이 너무 뜨거워 현재 다양한 콘텐츠 개발이 진행 중입니다. 이 책에는 신라의 기후와 궁중 의례, 신라 사람들에게 받았던 환대와 나눴던 대화들이 기술되어 있습니다. 참으로 보람입니다.

우리 손으로 처음 발견한 겁니다. 2009년 이전에는 구글 검색에 쿠쉬나메를 영어로 치면 'No Results', 검색 결과가 없다고 나왔습니다. 지금 검색해 보면 수십만 건이 나옵니다. 완전히 새로운 콘텐츠를 만든 겁니다. 《삼국유사》가 신화인가요, 역사인가요? 《삼국유사》는 신화이고 설화입니다. 당시 일연이라는 스님이 이야기를 수집해서 고려 때 기록해 둔 겁니다. 당시를 유추할 수 있는 자료가 매우 제한적이기 때문에 우리는 《삼국유사》도 기본 사료로 다 인용하고 있습니다.

하지만 《삼국유사》에 나오는 이야기가 사실인지 아닌지를 검증하기는 매우 어렵습니다. 일단 그 시대를 살지 않았고, 또 그 내용을 반박하거나 반증할 자료도 흔치 않습니다. 〈쿠쉬나메〉도 마찬가집니다. 역사적인 사실과 설화와 신화가 뒤범벅돼 있습니다. 그러나 그 시대를 알 수 있는, 당시 신라의 대외 정책을 알 수 있는 굉장히 드문 자료이기 때문에 그걸 통해서 어디까지 역사적인 사실이고 어디까지가 과장 증폭된 스토리텔링인지를 가려내는 것이 우리 학계의 몫이라고 생각합니다. 학문적인 연구는 오래 걸리니까 콘텐츠를 먼저 만들고 있습니다. 뮤지컬, 연극, 무용, 드라마, 애니메이션 등으로 만들고 있습니다.

다시 이슬람으로 돌아갑시다. 페르시아를 툭 치니까 넘어갔다고 말씀드렸죠? 오랫동안 오리엔트 문화를 축적한 페르시아를 이슬람이 한 축으로 끌어안습니다. 서쪽에 있는 비잔틴 제국도 툭 치니까 무너집니다. 제대로 전쟁해 보지도 못합니다. 사막에서 태어난 새로운 세력이 그 당시 세계 최고 수준의 거버넌스와 시스템과 문명과 철학을 보유하고 있었던 페르시아와 비잔틴이라는 두 축을 한꺼번에 끌어안는 겁니다. 이것이 바로 이슬람이 1,400년을 지속하는 인문학적인 힘이라고 평가할 수 있습니다. 물론 두 제국의 사회 경제적인 기반도 동시에 차지했습니다.

비잔틴 제국과 페르시아 제국 사이에 끼어 있던 피지배 민족들 입장에서 생각해 봅시다. 300년 동안 두 제국이 전쟁을 벌였으니 정말 진절머리가 났겠죠? 전쟁 경제, 수탈 경제 속에서 얼마나 고통받았겠습니까. 그 상황이라면 어떤 새로운 정치 세력이 나타나서 우리에게 먹을 거라도 제공해 주고, 수탈로 빼앗아 가지만 않는다면 환영하겠어요, 안 하겠어요?

바로 그 시점에 이슬람이 등장한 겁니다. 300년 동안 고통받던 피

압박 민족들이 이슬람의 메시지에 화답한 겁니다. 불과 100년 만에 세 대륙에 걸쳐 이슬람이 급속하게 퍼져 나가게 된 배경이 바로 여기에 있습니다.

실제로 전쟁은 거의 일어나지 않았습니다. 100년 동안 이슬람 세력이 치른 전쟁 중에 가장 큰 것이 사산조 페르시아와의 전쟁이었습니다. 그 전쟁도 페르시아가 별로 버티지 못하고 너무 쉽게 무너졌습니다. 비잔틴의 주력은 더 쉽게 무너져 콘스탄티노플 성안으로 물러났습니다. 나머지 북아프리카 지역은 그냥 조그마한 부족 단위의 공동체였기 때문에 이렇다 할 저항 세력이 없었습니다.

그래서 어디까지 가죠? 종횡무진으로 아프리카 북부를 점령합니다. 밑으로는 사하라 사막이니까 갈 수도 없고 갈 필요도 없습니다. 아프리카를 다 차지한 거나 마찬가지였습니다. 그때는 사하라 남쪽에 사람이 사는지 살지 않는지도 몰랐죠. 포르투갈 항해자인 바스코 다 가마가 아프리카 대륙을 발견한 게 1498년인데요, 700년대에 사하라 남쪽에 아프리카 대륙이 있다는 걸 어떻게 알겠어요. 이 사람들은 세상의 끝인 줄 알고 다 정복했다고 생각한 겁니다.

🕌 유럽에 진출한 이슬람

파죽지세의 이슬람 군대는 711년에 드디어 지브롤터를 건너 스페인의 이베리아 반도로 진격합니다. 지브롤터라는 이름이 어디서 왔을

프랑크 왕국의 궁재 카를 마르텔이 이슬람군을 격파한 푸아
티에 전투

까요? 지브롤터는 당시 그 해협을 건넌 아랍 장군 타리크 이븐 지야드의 이름에서 따온 것입니다.

무함마드는 632년에 죽습니다. 채 100년도 되기 전이죠. 종횡무진으로 세력을 확장하던 이슬람은 732년에 프랑스 파리 교외에 있는 푸아티에Poitiers까지 갑니다. 푸아티에와 파리는 얼마 안 떨어져 있습니다. 푸아티에 인근에 투르 평원이 있는데요, 바로 이 평원에서 처음으로 유럽의 저항 세력을 만납니다. 그 전까지는 마땅한 적이 없었습니다.

당시 프랑크 왕국의 샤를 마르텔이 유럽 연합군을 결성합니다. 카를 마르텔이라고도 부르죠? 이슬람 세력이 쳐들어온다는 소식을 들었을 겁니다. 사막에서 출발한 별 볼 일 없는 세력인 줄 알았는데 페르시아라는 대국을 무너뜨리고 비잔틴 제국을 몰아내고 아프리카 대륙을 건너서 스페인까지 진격했다는 겁니다. 이 소식을 듣고 전 유럽이 공포에 떨기 시작합니다. 유럽의 붕괴는 시간문제잖아요. 이래서는 안 되겠다고 생각했겠죠. 그땐 유럽도 자기들끼리 서로 다투는 혼란의 시기였습니다. 그런데 이교도 이슬람을 막아야겠다는 위기감 때문에 처음으로 유럽 연합군이 결성됩니다.

샤를리 에브도 테러

2015년 1월 7일 프랑스 국적의 무슬림 2세대 젊은이들이 프랑스 파리에 소재한 풍자 신문 〈샤를리 에브도Charlie Hebdo〉 본사를 급습하여 총기를 난사한 사건이다. 12명이 사망한 충격적인 사건이었고, 프랑스와 유럽의 다문화 정책에 심각한 방향 전환을 예고했다.

두 군대가 격렬하게 마주쳤습니다. 전쟁은 8만의 정예군을 가진 압둘 라흐만이 지휘하는 이슬람군이 우세해 보였습니다. 그러나 날씨가 추워지고 보급이 끊기면서 이슬람 군대의 불만이 터져 나왔습니다. 그들은 메카에서 출발해서 이집트를 거쳐 아프리카 더운 지방을 지나 스페인에 도착했습니다. 스페인만 해도 따뜻하잖아요. 사람이 살지도 못하는 추운 중부 유럽에 대한 정복 의욕은 크지 않았습니다. 설상가상으로 지휘자 압둘 라흐만이 전사하자 전쟁은 싱겁게 끝나 버렸습니다. 프랑스가 살아남고 유럽의 이슬람화가 저지됩니다.

이 전투를 통해 푸아티에를 기준으로 방어선이 만들어집니다. 이 방어선 아래에 있던 이베리아 반도는 근 800년 동안 이슬람의 땅이 되는 겁니다. 800년 동안 그 땅을 지배했으니 그 힘이 제법 셌겠죠? 마음만 먹으면 북쪽으로 갈 수 있었겠죠? 그 800년 동안 유럽이 연합군 체제를 계속 유지할 수는 없잖아요. 그러나 북쪽 땅에는 그다지 관심이 없었습니다. 런던 같은 데는 그 사람들이 도저히 못 삽니다. 만일 이 방어선이 무너져서 유럽 전체가 이슬람화됐다면 어떻게 됐을까요? 아마 샤를리 에브도 테러 사건이 일어날 수가 없었겠죠?

🏛 탈라스 전투와 중국 문명과의 만남

이슬람 세력은 동쪽으로는 페르시아를 무너뜨리고 실크로드를 따라 뻗어 나가 지금의 중앙아시아 타슈켄트를 넘어갑니다. 이때 중국 당나라와 마주칩니다. 751년 그 유명한 탈라스 전쟁이 그렇게 일어납니다.

기원전 139년, 중국에서도 장건이 만리장성을 벗어나 실크로드 공략을 시도합니다. 왜 그랬을까요? 흉노를 막으려고 만리장성을 쌓았지만 오랑캐들에게 계속 시달리기 때문이었습니다. 흉노를 꺾기 위한 방책을 찾기 위해 만리장성을 벗어나게 된 거죠. 그때 중국 사람들은 만리장성 바깥에도 중국 문명 못지않은 놀라운 과학기술과 문명이 존재한다는 불편한 진실을 받아들일 수밖에 없었습니다. 첫 번째 충격이었죠.

말馬이 중요한 변수였습니다. 흉노와 북방 이민족들의 침입을 막기 위해서 만리장성을 쌓았잖아요. 오합지졸의 몇 명 안 되는 도적 떼였으면 왜 거대한 만리장성을 쌓았겠습니까? 진나라, 한나라 양대에 걸쳐서 쌓은 겁니다. 수백 명의 기병이 하얀 먼지를 일으키며 공격해 오면 보병들은 하얗게 질려서 싸움도 못해 보고 도망가기 바빴습니다. 전쟁을 못하는 거죠. 그래서 말을 확보하는 것이 생존을 위해 중요한 목표가 됐습니다. 실크로드를 경영하며 서쪽으로 진출한 이유입니다.

말이 나는 지역이 어딘가요? 페르가나라고 들어보셨나요? 경주마

중에서도 최고로 쳐주는 게 페르가나산 말입니다. 페르가나는 지금의 우즈베키스탄의 타슈켄트 동쪽 외곽 지역입니다. 여기까지 말을 구하러 왔는데, 이때 이슬람은 이미 이곳에 진출해 있었습니다. 그 당

실크로드를 따라 서역 원정을 떠나는 장건

시 동쪽의 슈퍼파워였던 아시아의 당나라와 새로운 기운을 가지고 동쪽으로 급속히 팽창해 가는 이슬람이 탈라스 평원에서 맞붙은 겁니다. 또 다른 세계대전이었습니다. 751년이면 당나라도 최고 전성기 때였습니다.

650년에 이슬람과 페르시아가 벌인 전쟁이 아시아 대륙에서 일어난 역사 속의 제1차 세계대전이었다면 정확하게 100년 뒤에 탈라스에서 벌어진 이슬람과 당나라 간의 전투는 제2차 세계대전이었습니다. 여기서 누가 이기나요? 1차 때도 이슬람이 KO승을 거뒀고, 2차 때도 이슬람이 KO승합니다. 그 거대한 당나라가 참패하고, 고구려 유민 출신이었던 고선지 장군이 몇천 명의 군사들과 겨우 살아서 장안으로 쫓겨 갑니다. 고선지 장군은 얼마 지나지 않아 안녹산의 난에 연루되어 참수당하며 비참한 최후를 맞지요. 그때 생포된 당나라 병사

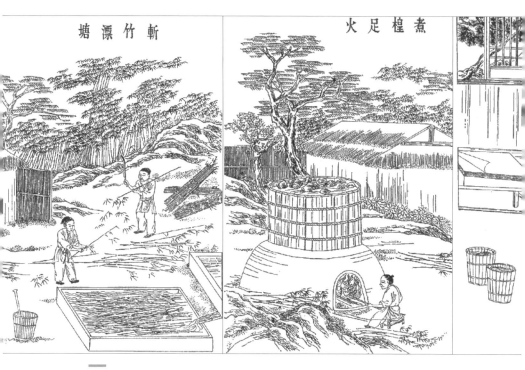

고대 중국에서 종이를 제조하던 5단계

들만 1만 5천 명에 달했습니다. 대부분 바그다드로 압송됩니다. 이를
계기로 동서 문화가 만납니다.

문화 교류 연구에서는 문화가 만나는 통로를 두 가지로 봅니다. 하
나가 교역이고 다른 하나가 전쟁입니다. 전쟁은 서로 다른 문화가 가
장 짧은 시간에 효율적으로 영향을 주고받는 통로입니다. 탈라스 전
쟁은 실크로드 2천 년 역사 속에서 거대한 문화 교류를 낳은 두 가지

사건 중에 하나입니다. 이 전쟁을 통해 중국의 제지 기술과 비단 직조
기술, 나침반 같은 기술이 이슬람 세계에 들어가고, 이슬람 세계가 갖
고 있던 새로운 문화가 중국에 들어가는 결과를 낳았습니다(두 번째 사
건은 13세기 초의 몽골의 세계 재패입니다).

　　중국 제지공들이 포로로 잡혀 와서 사마라칸트 지역에 정착합니다.
전쟁이 끝난 지 얼마 안 된 757년경에 그곳에 처음으로 제지 공장이 만들어지고, 곧이어 이슬람 전역에 제지 공장이 생기면서 대량의 종이가 생산됩니다. 값싸고 질기고 가볍고 운반이 쉬운 종이라는 매체가 만들어지면서 인류에 지식혁명이 일어납니다.

그 이전까지 중동 주민들은 대부분 기억의 문화 속에서 살았습니다. 영어로 구전 전승을 '오럴 트래디션Oral Tradition'이라고 하죠. 종이가 대량생산되면서 기억의 문화가 기록의 문화로 바뀝니다. 이건 패러다임 변화입니다. 아까 말씀드린 〈쿠쉬나메〉라는 서사시를 필사한 것도 기록 문화의 영향입니다. 이전까지 내려오던 모든 구전 전승이 종이에 기록됩니다.

이때 기록된 것들이 현재 약 300만 권이나 남아 있습니다. 300만 페이지가 아니라 300만 권입니다. 이라크의 바그다드 도서관, 테헤란의 국립고서도서관, 이집트 고서도서관, 터키 이스탄불에 있는 슐레마니에 고서도서관, 튀니지에 있는 내셔널비블리오그라피 등에 분산돼 있습니다. 물론 한 책을 여러 번 복사한 것도 있겠지만, 그래도 어마어마한 숫자입니다. 이 책 중에 신라에 대한 기록이 있는 23권이 현재까지 발굴되어 학계에 보고됐습니다. 앞으로 우리가 더 분류하고 연구해 나가다 보면 신라에 대한 기록이 더 많이 나올 가능성이 있습니다. 〈쿠쉬나메〉도 그 과정에서 건져 낸 겁니다. 아직도 보물은 숨어 있다고 말할 수 있겠죠?

이 제지 기술이 이슬람이 지배하고 있던 스페인까지 전파됩니다.

종이가 스페인 톨레도에 전달되면서 이슬람 세계가 축적해 놓았던 그리스 로마의 학문, 중국의 과학, 인도의 대수학 같은 것들이 집대성되고, 또 라틴어로 번역됩니다. 이 번역된 책들이 로마와 피렌체에 전해지면서 유럽 르네상스가 일어나는 지적 원동력이 되는 겁니다.

종이가 유럽으로 전해지면서 유럽 사회를 뒤흔들기 시작합니다. 유럽도 그 전에는 오럴 트래디션이었습니다. 특히 성경은 양피지에 기록되어 1%의 지식 엘리트들만이 독점했습니다. 양피지를 어디서 쉽게 구할 수도 없었고, 글자를 모르니 기록할 수도 없었습니다. 1%의 성직자를 제외한 99%는 문맹이었으니까요. 성경에 대한 지식, 성경을 제본하고 디자인하는 신앙적 은혜를 극소수만이 독점하는 체제였습니다.

중국의 종이가 보편화되고 여기에 구텐베르크가 인쇄술을 접목시켜서 성경을 누구나 쉽게 접할 수 있게 되자 신앙혁명이 일어나잖아요. 이를 기반으로 종교개혁이 일어납니다. 신앙, 종교, 독점적 종교 권력에 대한 아래로부터의 거대한 혁명이 결국 유럽 사회를 뒤집어 엎는 계기가 됩니다. 이게 다 종이가 전해지면서 일어난 일들입니다.

🕌 동서남북으로 뻗어 나간 이슬람 제국

무함마드가 632년에 죽고 딱 100년 만인 732년에 프랑스 파리 교외 푸아티에까지 갔으니까 이슬람은 불과 1세기 만에 중동, 중앙아시아, 인도, 아프리카, 남서부 유럽에 이르는 거대한 세력권을 형성하게 된 겁니다. 동쪽으로는 710년에 오늘날 파키스탄의 모체가 된 신드 주와 인도의 펀자브 주까지 진출합니다. 지브롤터 해협을 건넌 게 711년이니까 바로 그 시기에 인도 펀자브 지역까지 간 겁니다. 그러니까 동으로, 서로 낙타를 타고 전속력으로 달려서 깃발을 꽂은 곳이 자기네 땅이 되는 겁니다. 안 그러면 설명할 수가 없습니다. 전쟁을 하면서 가면 그렇게 빠른 속력으로 못 갑니다. 751년에는 중앙아시아까지 진출해서 중앙아시아 전역이 이슬람화됩니다.

장건이 기원전 139년경에 실크로드를 개척하고, 751년 탈라스 전쟁이 일어날 때까지 약 800년간의 실크로드 교역이란 파미르 고원 동쪽에서의 교류였습니다. 그때까지만 해도 사람들은 파미르 고원을 넘지 못했습니다. 인간의 절대 한계입니다. 가장 높은 고봉은 7천 m에 달하는데 어떻게 넘겠습니까? 물론 개인적으로야 넘을 수 있었겠지만, 낙타에 짐을 싣고 대량으로 고원을 넘기는 불가능했습니다.

탈라스 전쟁은 두 세력, 이슬람과 당나라가 파미르 고원을 조직적으로, 대규모로 넘는 계기가 됩니다. 고선지 장군이 파미르를 넘어서 지금의 파키스탄의 길기트와 펀자브를 공격하죠. 길기트가 파미르 고원 서쪽에 있습니다. 지금 파키스탄의 북쪽이죠.

그래서 고선지를 나폴레옹보다 위대하다고 하잖아요. 나폴레옹이 알프스 산맥을 넘었다고 대단하다 그러지만, 나폴레옹은 18세기 사람이고 알프스의 평균 고도는 3천 m가 채 되지 않습니다. 파미르 고

평균 고도 6천 m의 대산맥들을 품고 있는 파미르 고원

원은 평균 고도가 6천 m에 달하고, 그보다 천 년 전에 넘었으니까 누가 더 위대한가요? 정수일 교수님 말씀으로는 나폴레옹과 고선지를 비교하는 것 자체가 고선지에 대한 모독이라고 합니다.

동시에 이슬람이 파미르 고원을 넘어서 탈라스로 갑니다. 10만의 군대가 넘습니다. 이 전쟁을 계기로 중국이 패퇴한 중앙아시아 전역이 이슬람화됩니다. 중국 신장성은 물론, 우즈베키스탄, 카자흐스탄, 키르기스스탄, 투르크메니스탄, 타지키스탄, 아프가니스탄 등 '-스탄'이 붙는 중앙아시아의 여러 나라들이 오랫동안 러시아와 중국의 침략을 받으며 사회주의 체제 아래 있었음에도 어떻게 지금까지 고스란히 이슬람으로 남아 있을 수 있을까요? 이때 이슬람화된 겁니다. 그 뿌리가 1,300년 가까이 되는 겁니다. 이걸 알아야 중앙아시아의 이슬람이 이해가 됩니다.

🕌 이슬람 제국의 확장

이후에도 다양한 이슬람 국가들이 출현합니다. 몽골 제국 이후 티무르가 이슬람을 표방하며 중앙아시아 전역을 통일합니다. 그런데 티무르 가문의 권력 투쟁에 밀려 티무르의 마지막 손자 바부르 세력이 새로운 살길을 찾아 남쪽으로 몰려오게 됩니다. 티무르의 수도는 지금의 우즈베키스탄 사마르칸트입니다. 그때 남하한 바부르 세력이 정착한 곳이 인도 북쪽입니다. 그곳에 다시 이슬람 왕국을 세웁니다. 그게 무굴 제국입니다.

인도는 500년간 이슬람 국가였습니다. 1858년 영국이 인도를 식민 지배하기 전까지였습니다. 무굴 제국 300년에 그 전 노예 왕조, 그 이전 가즈나 왕조까지 합치면 약 500년이 됩니다. 힌두교가 인도의 정치적 헤게모니를 잡은 것은 간디에 의해 영국 지배에서 벗어난 1947년 이후의 일입니다. 인도 이슬람과 중앙아시아 이슬람은 탈라스 전쟁을 이해하지 않고서는 설명이 잘 안 되는 이유가 여기에 있습니다.

서쪽으로는 비잔틴을 공격하는 것으로 시작합니다. 완전히 무너뜨리지는 못했습니다. 비잔틴 제국은 동쪽의 비옥한 오리엔트 지역을 대부분 포기하고 콘스탄티노플에 들어가 성벽을 걸어 잠급니다. 콘스탄티노플 성벽은 3중으로 세계에서 가장 견고한 성입니다. 아랍이 계속 공격합니다만, 성벽을 뚫지 못해서 결국 살아남습니다.

그때 살아남은 비잔틴 제국은 800년을 더 버티다가 1453년 또 다른 이슬람 세력인 오스만 튀르크에 의해 콘스탄티노플이 함락되면서 멸망하게 됩니다. 유럽의 심장부인 비잔틴 제국이 무너지니까 오스만 튀르크는 1683년까지 종횡무진으로 세력을 넓혀 합스부르크 가의 수도 빈까지 진격합니다.

아까 말씀드린 대로 711년에는 지브롤터 해협을 건너 스페인 이베리아 반도의 서고트 왕국을 점령합니다. 이후 800년간 이슬람이 지배하면서 이슬람 문화를 유럽에 전파하는 창구 역할을 합니다. 그중에서도 톨레도가 가장 큰 역할을 했죠. 톨레도가 르네상스의 원산지라 해도 틀린 말이 아닙니다. 여기에 집적된 지식과 정보가 이탈리아로 넘어가서 르네상스가 일어나죠.

당시 유럽에서 톨레도의 문화를 받아들일 수 있는 나라는 이탈리아밖에 없었습니다. 나머지 유럽은 아직은 암흑의 시대, 잠자는 시기였습니다. 배 타고 바다로 나가면 폭포 밑으로 떨어져 죽는다는 생각을 하던 때였습니다. 갈릴레이가 '지구는 둥글다'라고 주장하다가 파문위기에 처한 때가 17세기 초였습니다. 전반적으로 유럽은 이슬람의 앞선 과학과 학문을 받아들일 수준에 도달하지 못했습니다.

그래도 제노바와 베네치아 사람들 그리고 피렌체 메디치 가문은 국제 교역을 하면서 세계의 흐름과 국제 정세를 정확하게 이해하고 있었습니다. 새로운 세계의 테제였던 이슬람의 변화에 대해 충분히 파악하고 있었습니다. 그 앞선 문화를 받아들이지 않고는 경쟁력이 없다는 것을 알고 있었기 때문에 그곳으로 빨려 들어간 겁니다. 베네치아와 나폴리는 유럽에서 가장 선진적인 상태였기 때문에 가능했다고 말할 수 있습니다. 그리고 피렌체에는 메디치 가라고 하는 예술과 학문의 든든한 후원자가 있었기에 가능한 일이었죠.

🏯 이슬람의 성공 비결은 조세혁명

이제 이슬람이 어떻게 그 넓은 지역을 지배하며 제국을 운영했는지 살펴보겠습니다. 먼저 '무혈 통치 방식'을 고수했습니다. 기존 토호 세력의 기득권을 인정하고 끌어안은 겁니다. 이 부분이 이전 왕조가 새로운 지배 세력으로 등장했을 때 썼던 방법과 완전히 달랐던 부분입니다.

왜 이런 정책을 썼을까요? 아니, 쓸 수밖에 없었을까요? 메카에서 출발한 유목 중심의 아랍 심장부, 이른바 성골들은 숫자가 몇 명 안됩니다. 그 사람들이 페르시아 제국, 비잔틴 제국 같은 거대한 인구 중심의 국가를 어떻게 통치하겠습니까? 주가 한 100여 개 되면 각 주에 한 명씩 총독으로 보내도 모자랄 판인데 피지배 민족들이 똘똘 뭉쳐서 반란이라도 일으키면 어떻게 수습하겠어요? 그러니까 불가능한 겁니다.

그래서 누구를 통제했을까요? 이전 사회의 왕이나 토호 세력들입니다. 그들의 기득권을 인정해 주면서요. 주민 전체를 어떻게 직접 통치하겠어요. 그래서 이 방법이 아니고서는 통치가 근본적으로 가능하지 않았고, 또 이 방식을 취한 것이 결과적으로 성공한 겁니다. 토호 세력들은 전쟁이 끝나서 자기들은 죽었다고 생각할 거 아녜요. 모두 죽음을 각오하고 재산을 빼돌려 놓고 처분만 기다리고 있는데 "너 그대로 왕 노릇 해." 하면 말을 잘 듣겠습니까, 안 듣겠습니까? 뭐든지 시키는 대로 하겠다는 정서가 자연스럽게 생기겠죠?

그 대신 두 가지 조건을 걸어야 했습니다. 첫 번째는 중앙 정부에 대한 정치적인 예속입니다. 반란을 일으키지 말라는 거죠? 그건 당연히 약속하겠죠? 충성의 상징이 뭡니까? 반란을 일으키지 않고 충성하겠다는 상징이 바로 세금을 꼬박꼬박 내는 겁니다. 지금까지는 자기가 받아서 100% 다 갖던 사람들이 이제는 일정 부분은 중앙 정부에 내고 나머지를 먹어야 됩니다.

동시에 백성들로부터 얼마 이상은 거둬들이지 말라고 엄격한 가이드라인을 제시합니다. 이 사람들이 안 내던 세금을 중앙 정부에 내면 백성들을 더 못살게 굴 가능성이 높겠죠? 벌충해야 하니까요. 그러나 그렇게 내버려 두면 백성들이 못 견디니까 반발하게 됩니다. 통치 기반이 흔들리는 거죠. 이슬람은 예전에 가렴주구하던 세금 정책을 제대로 뜯어 고치고, 조세 시스템을 법제화시켜 주고, 훨씬 가벼운 세금을 내게 했습니다. 그 세금을 거둬 일정 부분 중앙 정부에 내고, 나머지를 가질 수 있는 제도를 시행한 거죠. 나라마다 사정이 달랐기 때문에 상호 합의를 통해서 비율은 다르게 정했습니다.

이슬람의 성공을 한마디로 말하면 '조세혁명'이었습니다. 이렇게 사회 경제적인 측면으로 설명하지 않으면 무리한 억측이 난무하게 됩니다. 종교적 도그마로 설명하기 시작하면 감성이 들어가고 적개심이 개입돼서 정확한 이해를 방해합니다. 핵심은 토지 공개념 제도와 조세 제도의 혁명이었습니다.

물론 쉬운 일이 아닙니다. 적은 지배 인구로 광대한 지역을 효율적으로 통치하는 게 쉽지 않습니다. 어떤 경우가 있겠습니까? 상식적으로 생각해 봅시다. 전쟁 직후에야 죽을지도 모르니 당장 충성을 맹세하고 세금을 꼬박꼬박 냅니다. 하지만 1년만 지나도 요령이 생기고, 상대방을 파악하게 되겠죠? 자기가 조직과 노하우를 다 가지고 있는데 고분고분 말을 듣겠어요? 반면 중앙 정부에서는 토호 세력이 딴 마음을 품고 반발하지 못하게 하기 위해 체계적이고 제도적인 감시 시스템을 작동시켜야 합니다. 그게 고장 나면 금방 반발하지 누가 말을 듣겠어요?

그 해결책이 바로 '삼분 체계'였습니다. '왕의 눈'과 '왕의 귀'를 파견하는 겁니다. '왕의 눈'과 '왕의 귀'는 어디서 많이 들어보셨죠? 바로 페르시아 제국의 기본 거버넌스 시스템이잖아요. 이슬람이 페르시아를 복속시키면서 거기 있던 엘리트들을 다 받아들입니다. 그들에게서 그대로 배운 겁니다.

제일 위험한 게 뭔가요? 군사적 반란이죠? 그래서 한 지역을 지배하게 되면 그 지역의 최고 사령관은 중앙 정부에서 직접 파견합니다. 두 번째는 세금을 정확하게 거둬서 정확한 액수를 중앙 정부에 내고 백성들에게 불필요한 폭압 정치를 하는지 안 하는지를 감시하기 위해 조세 징수관을 또 직접 보냅니다.

그렇다고 문제가 다 해결되는 건 아니죠. 군 사령관과 조세 징수관을 중앙 정부에서 내려보냈는데, 두 사람이 지방 토착 세력과 결탁하면 어떻게 되나요? "사령관 월급 얼마 돼? 내가 2배 줄게", "조세 징수관, 이렇게 보고하면 나머지는 네 호주머니에 넣어 줄게" 이런 유혹이 얼마든지 가능하잖아요. 21세기 첨단 사회를 사는 지금도 근절이 안 되는데, 이 시기에는 당연한 거겠죠. 군 사령관과 조세 징수관이 지방 토호들과 결탁하면 가공할 세력이 됩니다. 대책이 없습니다. 지방 왕이 군사권과 조세권을 쥐고 백성을 흔들기 시작하면 하루아침에 끝나는 거겠죠.

그래서 마지막으로 감찰관을 보냅니다. 절대 배반하지 않을 심복 중에 심복, 충성스런 신하를 파견합니다. '왕의 눈'과 '왕의 귀'로 불리는 이 사람들은 사실 하는 일이 아무것도 없어요. 전체적인 정세를 파악하는 한편, 이 사람과 저 사람이 가까워질 것 같으면 그 사이에 들어가 이간질시켜서 힘을 떨어뜨립니다. 삼권분립을 철저히 감시합니다. 요즘으로 치면 일종의 시민 감시단 같은 역할을 하는 겁니다. '분리해서 통치하라divide and control'라고 하죠?

자기가 그들을 분리시킬 힘이 부족하다면 즉각 중앙 정부에 요청해서 필요한 조치를 취합니다. 인사 조치를 취하거나 중앙 정부 군사력을 투입해서 상황을 종료시킵니다. 이런 방식으로 얼마 되지 않는 지배 인력들이 천 년 제국을 유지했습니다. 물론 실패 사례도 많았겠죠. 하지만 큰 흐름을 유지할 수 있었던 메커니즘은 바로 여기에 있습니다. 그런데 안타깝게도 이 부분에 대한 논문이 거의 없어요. 누가 이걸 연구하면 박사논문이 될 것 같습니다.

삼분 체계는 대외적인 메커니즘이라고 볼 수 있습니다. 일종의 통치철학이자, 시스템, 관료 제도가 안정화되는 구조적인 요인이었습니다. 하지만 그것이 전부가 아니었습니다. 이슬람 안쪽에서 일어나는 내적인 요인도 함께 살펴봐야 합니다.

이슬람의 기본 철학은 '자율과 평등'입니다. 새로운 이슬람 정치 체제의 철학적 기조가 되는 가치들입니다. 첫 번째 가치인 자율은 지금도 유효합니다. 모든 부족들이 지금도 독립적입니다. 중앙 정부가 한 번 와해되면 모든 부족들이 개별적으로 움직입니다. 현재 리비아, 이라크, 시리아 모두 그렇습니다. 다 내전 상태입니다. 이 사람들은 태생적으로 독립적입니다. 다른 부족에게 예속되는 것을 엄청나게 싫어합니다. 자율이 평화롭게 유지되려면 위에서 강력한 카리스마로 컨트롤해 줘야 합니다. 그리고 웬만한 부족 일에는 간섭하지 말아야 합니다. 컨트롤 타워인 강력한 카리스마가 무너지니까 각각의 자율이 부딪치면서 평형이 무너진 겁니다.

두 번째 이슬람이 추구하는 가치는 평등입니다. 평등을 유지하기 위해서 카스트가 없습니다. 원래 독립적인 부족이니 카스트가 있을 리가 없습니다. 어떤 부족이 우월하고 다른 부족이 열등하다? 못 받아들입니다. 다 자기가 최고입니다. 이런 성향들을 잘 이해해서 처음부

모스크에 일렬로 앉아 예배를 드리는 무슬림들

터 성직자 제도를 따로 두지 않았습니다. 성직자도 일종의 카스트잖아요. 교회에서 보면 얼마나 철저합니까? 교황과 대주교와 주교와 신부, 수녀, 평신도로 이어지는 수직적인 구조가 있잖아요. 그런데 이슬람은 성직자 제도를 없애 버렸습니다. 지금도 그렇습니다.

예배 볼 때 왕과 평민이 함께 봅니다. 모스크에서 예배 볼 때 먼저 온 사람들이 앞줄에 섭니다. 뒤에 온 사람은 설사 왕이라 해도 앞줄에 끼어들지 못합니다. 앞에 선 사람들이 마음에 안 든다고 뒤에서 혼자 예배 볼 수도 없습니다. 이쪽 벽면에서 저쪽 벽면까지 앞줄이 채워지지 않는 한, 두 번째 줄이 만들어지지 않습니다. 앞줄 빈자리가 채워지지 않으면 이맘이 예배 집전을 시작하지 않습니다. 이맘이 예배 시작하기 전에 "모두 열을 맞춰서 나란히 섰습니까?" 하고 돌아보면서 물어봅니다. 뒤에서 그렇다는 반응이 오면 그때부터 예배를 시작합니다. 그만큼 철저합니다.

그럼 줄은 어떻게 맞출까요? 요즘 현대식 모스크는 바닥에 줄이 그려져 있습니다만, 예전 모스크에서는 어깨와 어깨를 맞닿습니다. 틈이 생기면 안 됩니다. 그 공간을 사탄의 통로라고 생각합니다. 예배 볼 때 하나님과 자기가 대면하는데 사탄이 왔다 갔다 하면 안 되잖아요. 옆 사람과 어깨를 마주쳐서 공간을 없앱니다. 옆에 한 사람이 설 수 있는 빈 공간이 있으면 설령 예배를 봤더라도 무효가 됩니다. 왕이 오더라도 순서대로 끼어들어 가야 됩니다.

물론 경호상의 문제가 있어서 곧이곧대로 그러지는 않습니다. 요즘은 어떻게 하냐면 앞줄에 경호원이 와서 미리 자리를 잡고 있습니다. 주변에 어떤 사람들이 서 있나를 보고 미심쩍은 사람이 있으면 바꾸라고 합니다. 왕이 나타나면 경호원이 자리를 비켜 줍니다. 경호 체크가 끝난 자리에서 왕이 예배를 보게 하는 거죠. 그거야 현실적으로 필요한 문제니까 그럴 수 있는 거겠죠. 하지만 평등이라는 기본적인 질서는 안 깨뜨리려고 지금 이 시간에도 노력하는 겁니다. 이 부분이 우리에게는 대단히 큰 시사점을 준다고 말할 수 있습니다.

물론 예배 보는 공간을 벗어나면 또 이야기가 달라집니다. 사우디아라비아와 다른 GCC 국가에서 가난한 이슬람 국가 사람들의 노동력을 착취하고 괴롭히는 사례가 많습니다. 심각한 사회문제들입니다. 이슬람이라고 해서 근대 자본주의 국가들이 가지고 있는 병폐들이 해결되는 건 아닙니다. 모든 자본주의 국가들이 가지고 있는 병폐는 모든 이슬람 국가들도 거의 똑같이 가지고 있습니다. 우리는 도그마가 아니라 현실적으로 접근해야 합니다.

🕌 이슬람의 소수민족 포용 정책

세 번째가 '소수민족 보호'입니다. 같은 이슬람끼리는 평등으로 끌어안지만, 자기와 다른 종파와 종교를 가진 사람들도 일단 사회 구성원으로 받아들이고 끌어안습니다. 이 정책이 사회 발전과 역동성에 중요한 역할을 합니다.

물론 무슬림들과 똑같은 대우를 해 줄 수는 없습니다. 그래서 신분상 차별이 아니라 세제상 차별을 둡니다. 인두세 10% 정도를 더 내게 하는 겁니다. 10%를 더 내더라도 그 이전에 시도 때도 없이 갈취하던 수탈 경제 체제에 비하면 훨씬 가벼운 수준이었습니다. 더구나 이교도라고 모멸당하지 않고 신앙과 문화적 전통은 그대로 인정되고 보호됐으니 충분히 따를 만했습니다.

그럼 어떻게 보호할까요? 말로만이 아닙니다. 게토(ghetto, 거주지)를 인정해 줍니다. 아르메니아 정교, 기독교 정교, 유대교 커뮤니티가 따로 모여 살 수 있게 하고, 거기서 자기네 교회도 짓고 자기 방식대로 예배를 드리게 했습니다. 아무래도 섞여 살면 제도적으로는 못하게 하더라도 차별을 받게 되어 있잖아요. 우리는 지금 외국인 노동자를 차별 안 하나요? 마찬가집니다. 그래서 거주지를 따로 만들어 줬습니다.

거기서 일어나는 일들은 그곳의 종교적 법률에 따라서 랍비와 대주교 같은 그곳 최고 지도자가 생사여탈권을 가질 수 있게 했습니다. 사법과 행정, 종교의 자율권을 줬습니다. 대단한 겁니다. 이걸 딤미Dhimmi 제도라고 하고, 오스만 제국 때는 밀레트Millet 제도라고 불렀습니다. 이 제도는 이슬람 천 년간의 소수민족 보호 정책이었습니다. 물론 군데군데 고장 난 경우도 있었습니다만, 기본적으로는 작동했습니다. 굉장히 중요한 정책입니다.

그 결과 미국과 이스라엘 다음으로 유대인 게토가 많은 곳이 아랍

각지에서 온 상인과 시민들이 모여 있는 터키의 그랜드 바자르

입니다. 이란에도 많이 있고요, 모로코와 이집트에도 있고, 터키에도 있습니다. 여러분 터키 이스탄불에 가시면 그랜드 바자르에 들르시죠? 그랜드 바자르 1번가가 다 보석상입니다. 그게 대부분 유대인들 겁니다. 뒤에 금은세공 골동품 거리는 아르메니아인들이 장악하고 있습니다. 카펫 거리 있죠? 거기는 쿠르드 상인들이 장악하고 있습니다. 지금도 소수민족들이 그랜드 바자르를 장악하고 있습니다.

터키 최대 민영 방송사는 NTV, 최대 일간지는 〈휴리에트Hurriyet〉를 꼽는데요. 원래 터키의 대표적인 유대계 언론이었습니다. 98%가 이슬람을 믿고 있는 사회에서 유대인이 발행하는 신문이 최대 부수를 자랑합니다. 우리나라 〈조선일보〉 같은 거죠. 온 국민이 그 신문사 설립자가 유대인이란 걸 압니다. 그러나 그 신문이 가장 볼거리가 많고 유익한 정보를 주니까 사람들이 그 신문을 사는 겁니다.

터키 10대 재벌 중에서 3개 이상이 유대계입니다. 알라르코Alarko, 와코Vakko, 프로필로Profilo, 이 3개가 유대계 기업입니다. 터키 국민치고 이 회사 모르는 사람이 없습니다. 우리로 치면 삼성, LG, SK, 포스코 같은 회사입니다. 유대계 회사 상품을 왜 팔아 주냐고 물어보면 그 사람들이 오히려 되묻습니다. "So what?" 그게 어쨌다는 거냐? 유대계든 어디든 소비자의 구매에 맞으니까 사는 겁니다.

미디어에서는 팔레스타인, 알 카에다, IS 등을 보면서 무슬림들과 유대인의 갈등, 서로 폭격하고 참수하는 갈등의 모습을 보여 주고 있

시너고그

유대교에서 집회와 예배의 장소로 쓰는 회당. 현대에 이르러 회당은 교제, 휴식, 자선 행사의 장소로 활용되고 있다.

지만, 수천 년 동안 내려온 또 다른 깊이는 함께 사는 것에 익숙해 있는 겁니다. 어떻게 보면 이쪽이 더 주류의 모습인데, 이런 건 뉴스거리가 안 되잖아요. 그래서 덮여 있는 겁니다.

제가 유학 시절에 이 분야를 공부해야겠다고 다짐하게 된 사건이 몇 가지 있습니다. 그중에서 첫 번째가 이스탄불 맞은편에 있는 갈라타 타워에서 있었습니다. 가 보신 분 계시죠? 그곳에 유대인 커뮤니티가 있습니다. 유대교 회당인 시너고그도 있습니다. 제가 필드워크 하느라고 거기를 자주 다녔습니다. 라마단 기간이었습니다. 라마단 아시죠? 무슬림들이 한 달 동안 단식하는 기간입니다. 그런데 이 시기에 갈라타 타워의 유대인들도 다 같이 단식하는 거 아니겠습니까?

유대인들은 단식하는 풍습이 없습니다. 유월절은 지내더라도 라마단 같은 건 없습니다. 그런데 다들 무슬림들과 같이 그 기간에 단식을 하는 거였습니다. 저에게는 굉장한 지적 충격이었습니다. 인터뷰를 했습니다. 제가 인터뷰한 유대인 중에는 보석상도 있고, 도매상도 있고, 요트 사업을 하는 사람도 많았습니다.

왜 유대인이 라마단을 하냐고 물었습니다. 그 사람들은 내 질문이 이상하다고 반응했습니다. 그 사람들 말이 "내 고객의 99%가 무슬림들인데, 내 고객이 사회적 정의를 실현하고, 가진 자나 갖지 못한 자가 고통을 공유하기 위해 저렇게 절절하게 단식하고 있다. 그러니 내가 종교와 문화가 다르다는 이유만으로 그 기간에 배불리 먹고 내 고

14-15세기에 제노바인이 비잔틴 제국으로부터 자신들을 방어하고자 전망 탑으로 지은 갈라타 타워

객을 대한다는 것은 장사의 기본 원칙에도 안 맞다."라는 겁니다. 장사하는 사람이 그래서는 안 된다는 거였습니다. 그 고객들 때문에 자기가 먹고살고 존재 가치가 있는데 고객의 고통과 정신에 동참하고 존중하는 것이 장사하는 사람의 기본적인 덕목이라고 말합니다. 왜 단식 하냐고 물어보는 것 자체가 이해가 안 된다는 겁니다.

우리가 참 많은 부분을 잃어버리고 사는 게 아닌가 싶습니다. 우리도 옛날에 그런 전통이 있었을 겁니다. 자기와 생각이 다르다고, 종교가 다르다고 배척하기보다는 함께 포용하고 서로 존중해 주는 아름다운 전통이 있지 않을까요? 이슬람에는 그 전통이 남아 있습니다. 그것도 1,500만 명 인구를 가진 이스탄불 대도시 한가운데서 말이죠.

저희 학교 대학원 박사과정에 목사님 한 분이 등록하셨습니다. 필리핀에서 선교를 오래 하신 분입니다. 민다나오라는 이슬람 지역입니다. 20년 가까이 목회 활동을 하시다 보니 발로 뛴 귀중한 자료가 많이 축적됐겠죠. 그걸로 논문을 쓰겠다고 찾아오신 겁니다. 이런 분야를 선교인류학이라고 부릅니다. 이슬람 선교가 계속 실패하니까 이슬람을 제대로 알고 이슬람 속에서 정말 도움이 되는 선교를 해야겠다는 포부였습니다.

그분이 민다나오 지역의 갈등과 분쟁에 관한 자료를 20년 동안 모아서 아주 두껍게 가져오셨더라고요. 한참 보다가 제가 말씀드렸습니다.

"목사님, 왜 그렇게 치고받고 싸우는 데에만 관심이 많으세요? 성직자라면 갈등하는 것 말고 서로 다름을 인정하고 함께 아름답게 사는 사례를 좀 찾아보십시오."

그랬더니 그분이 깜짝 놀라더군요. 이슬람 선교지에 가서 여태까지 한 번도 그 사람들과 어떻게 조화롭게 살까 하는 생각을 안 해 보신 거예요. 그래서 수많은 갈등 사례만 잔뜩 모아 오신 거죠.

그분과 함께 필리핀 민다나오 현장을 방문해 보니 이슬람과 기독교가 함께 잘 살고 있더라고요. 그래서 민다나오 지역에서 이슬람 커뮤니티와 기독교 커뮤니티가 서로 시장을 나누고 자원을 공유하면서 교육을 함께하고, 종교가 다른 부모들이 자녀들을 위해 어떻게 합의하고 모임을 이뤄내는지에 대한 사례들을 모아 공존과 조화를 주제로 논문을 써 보시라고 말씀드렸습니다. 그 얘길 듣고 고민을 한참 하시더니 다시 찾아와서 "지금까지 제가 참 잘못 생각했습니다." 하시면서 논문 주제를 바꾸셨습니다. 남의 의견을 경청하고 받아들이는 분이 참 훌륭한 분이지요.

🕌 무함마드의 등장

이제 무함마드 이야기를 좀 해 봅시다. 이슬람이 성공할 수 있었던 마지막 가장 중요한 요소가 바로 무함마드의 리더십입니다. 유대인 작가 마이클 하트가 저술한 《랭킹 100: 세계사를 바꾼 사람들》에서 그는 단연 무함마드를 1위로 선정해 놓았습니다. 그 이유로 역사상 세속적인 리더십과 종교적 지도자로서의 권위를 가장 성공적으로 발휘한 점을 들었습니다. 서구의 비판 일변도의 평가와는 사뭇 다른 측면입니다. 무함마드가 이슬람을 완성해나가는 과정을 살펴볼 필요가 있습니다.

이슬람이 메카에 있는 조그만 오아시스에서 세계적인 국가로 퍼지게 됐던 계기가 단계적으로 있겠죠? 메카에만 있었다면 교역하는 사람들에게 얻는 정보는 있었겠지만 대제국으로 성장하기는 어려웠을 겁니다. 대제국으로 성장하는 첫 번째 디딤돌이 622년 메카에서 메디나로 향한 대이주입니다. 무함마드가 계시를 받고 일신교를 설파하자 메카에 있는 우상숭배자들이 끊임없이 무함마드를 살해하려고 합니다. 그러자 도저히 안 되겠다 싶어서 메디나로 이주합니다.

왜 메카 북쪽에 있는 메디나로 이주했을까요? 메카는 교역 도시이기는 하지만 땅 자체가 비옥하지는 않습니다. 반면 메디나는 아라비아 반도에서 가장 큰 오아시스 도시입니다. 야자수가 가득하고 곡물 재배가 가능한 곳입니다. 여기에 부족들이 많이 살고 있었겠죠? 이곳에 원래부터 살던 부족이 아우스족과 카즈라즈족인데, 이 비옥한 땅을 놓고 계속 싸우는 겁니다. 그때 무함마드가 분쟁 조정자로서, 또 예언자로서 메디나의 초청을 받습니다.

무함마드가 가진 여러 가지 덕목 중에 아랍 사회에서 가장 칭송받았던 것이 바로 '분쟁 조정자' 역할이었습니다. 철저한 균형 감각과

아라비아 반도에서 비옥한 땅이었던 메디나의 옛날 모습(위)과 오늘날의 모습(아래)

객관성을 가지고 정말 예리하고 정확하게 분쟁을 해결했습니다.

메디나의 두 부족이 싸우다가 도저히 안 되니까 메카에서 살해 위협을 받고 있다는 무함마드를 초청합니다. 우리끼리 해결이 안 되니 분쟁을 조정해 달라고 부탁하는 거지요. 이런 조건들이 맞아떨어져서 메카에서 메디나로 옮기게 됩니다. 그리고 무함마드 사후 정통 칼리프 시대의 수도가 바로 이곳 메디나가 됩니다.

꾸란 다음으로 이슬람에서 중요한 경전이 하디스입니다. 무함마드의 언행을 기록한 책입니다. 지금도 세계 하디스 학문의 중심지는 메카가 아니라 메디나입니다. 왜냐하면 무함마드가 그곳에 자리 잡고 실제적으로 통치했기 때문입니다. 무함마드의 유해가 묻혀 있는 사원도 메디나에 있습니다.

🕌 무함마드의 탄생과 어린 시절

무함마드는 570년경 아라비아 사막의 오아시스 도시인 메카의 최고 명문이었던 쿠레이쉬 부족에서 태어납니다. 이걸 이해하지 않고서는 무함마드가 살아남은 것을 이해하기 어렵습니다. 가난한 평민의 자식이라고 가르치는데 그렇지 않습니다. 명문 쿠레이쉬 가문이었기 때문에 오늘 우리가 아는 무함마드가 존재할 수 있었습니다. 다만 당시 그 가문은 몰락했습니다. 가난한 명문가의 유복자로 태어난 것입니다.

아버지는 어머니가 임신 중에 돌아가셨고, 어머니도 여섯 살때 병으로 돌아가십니다. 고아가 되죠. 불우한 어린 시절을 보낼 수밖에 없었습니다. 그 당시 아랍 전통에 따라서 할아버지 압둘 무탈립이 무함마드를 양육합니다. 할아버지도 얼마 못 사시니까 당시 풍습에 따라 삼촌 아부 탈립이 그를 양육합니다. 그리고 열두 살 때 독립합니다. 그 나이까지 남의 신세를 진다는 것은 처절한 약육강식의 아랍 사회에선 생각할 수 없습니다. 어릴 때부터 자립심과 독립

신전에 앉아 있는 무함마드

심을 가질 수밖에 없습니다. 아버지도 안 계시니 가진 것도 없습니다. 그러니까 열두 살 되기 전에 무슨 일이 있어도 자력으로 살아남을 방도를 마련해야 합니다.

이 유목 사회에서 맨몸으로 할 수 있는 게 뭘까요? 낙타몰이입니다. 열두 살 때부터 시리아와 예멘을 잇는 대상 활동에 참여한 거죠. 낙타몰이는 성공 확률이 30% 정도입니다. 정확한 통계는 없지만 인류학 공부를 해 보면 대체로 그런 결론에 도달합니다. 열 번 교역에 나서면 일곱 번만 털리거나 뺏기고 세 번 정도 성공하는 겁니다. 그러나 그

세 번만 성공해도 빼앗긴 일곱 번을 상쇄하고도 남는 장사이기 때문에 성립이 되는 겁니다. 일곱 번을 뺏기는데 망한다면 누가 교역을 하겠습니까?

오만 살랄라에서 생산된 유향을 로마 시장에 팔았을 때 2천 배를 남겼다고 하거든요. 그러니까 장사를 하는 겁니다. 2천 배를 남기니까 열 번 가서 여덟 번, 아홉 번을 뺏겨도 한 번만 성공하면 밑천을 뽑고도 남습니다. 그러니 하는 겁니다.

동시에 무함마드는 당시 중동 전역에 퍼져 있던 타락한 사회상을 깊이 고뇌합니다. 마음에 안 맞으면 그냥 찔러 죽이고, 여자를 노예로 사고팔 뿐만 아니라, 배고프다는 이유로 자기 아내와 자식을 시장에 내다 파는 일이 벌어지던 시대입니다.

무함마드는 시리아 다마스쿠스에 가서 큰 충격을 받습니다. 아버지가 딸을 파는 장면을 목격하는 겁니다. 당시 유목 사회에서는 딸이란 존재를 식량만 축내는 소비재로 취급했습니다. 전사도 못 되고 노동력도 안 되잖아요. 심지어 자기 부인까지도 팝니다. 자기가 소유하고 있는 여자 노예라면 또 모르겠는데, 아내와 딸을 시장에 내다 파는 일이 비일비재했습니다.

당시에는 아이를 잘 생산할 수 있는 건강한 여자 2명과 암낙타 1마리가 맞교환됐습니다. 사람 2명이 동물 1마리 값어치밖에 되지 않는 상황이었습니다. 물론 숫낙타보다는 암낙타가 여러모로 효율성이 높았습니다. 어쨌든 이런 모습들을 일상으로 보고 살았으니 무함마드 나름의 고통과 번민과 갈등이 많았겠지요.

🕌 무함마드의 탁월한 협상력

무함마드의 탁월한 협상 능력이 소문이 납니다. 이 젊은 청년의 생존 욕구는 누구보다 강합니다. 부모도 없고 혼자 살아남아야 하니까요. 그 과정에서 천부적인 재능을 발견합니다. 평균적으로 고대 대상 무역에서는 열 번 가서 일곱 번 뺏기고 세 번 성공하는데, 이것을 다섯 번 뺏기고 다섯 번 성공하게 되면 남들보다 탁월한 이윤을 남기게 되잖아요. 어떻게 하면 일곱 번 뺏기는 것을 다섯 번 뺏기는 걸로 줄일 수 있을까를 궁리합니다. 예를 들면 이런 협상 방식이지요. 정확한 기록은 물론 없어요.

낙타몰이를 하고 가는데 노상강도가 덮칩니다. 이리 피하고 저리 피한다고 해도 그게 어디 쉽나요. 이때 낙타 몰이꾼이 강도의 두목과 협상합니다.

"다 가져가지 말고 7개만 가져가고 3개만 남겨 달라. 10개를 다 빼앗아 가면 나는 빈손으로 주인에게 돌아가게 되고, 그러면 잘려서 다시는 못 오게 된다. 그럼 네가 계속 빼앗을 수 있는 대상이 하나 사라지지 않느냐. 3개만 남겨 주면 나도 본전은 되니까 주인에게 쫓겨나지 않고 계속 이 길을 오갈 수 있다. 그러면 네가 계속 7개를 빼앗아 갈 수 있다."

물론 도둑 입장에선 말도 안 되는 소리라고 호통치겠죠? 10개를 당장 뺏을 수 있는데 7개만 뺏으니 손해 아닙니까? 그런데 이때 낙타 몰이꾼이 7개를 주면서 다마스쿠스의 시장 정보를 함께 줍니다. 이 물건은 어느 곳에 어느 사람에게 가져다 팔면 가장 높은 가격을 받을 수 있고, 저 물건은 어느 곳 어느 사람에게 팔면 제값을 받을 수 있다고 알려 줍니다.

이쯤 되면 강도 생각도 흔들립니다. 10개를 전부 빼앗아서 대충 넘기는 것보다 시장 정보를 가지고 7개를 제대로 팔았을 때 더 많은 이익을 얻는 겁니다. 얼마나 기특해요. 계속 뺏을 수 있죠? 7개를 가지고 10개 이상의 수익이 나지요? 야, 괜찮은 발상이다, 이렇게 되지 않겠습니까?

이제는 그 강도들이 다 소문을 내는 겁니다.

"저 사람은 건드리지 마라. 우리에게 이득을 많이 주는 분이야. 계속 살려서 이익을 내게 갖다 주게 해라."

여러분 생각해 보십시오. 말은 쉬울 것 같지만 보통 배짱 가지고는 어려운 일이죠? 그러니 그 좁은 장사판에서 금방 소문이 나는 겁니다. 당시 낙타 대상의 협상 방식을 예로 들었지만, 실제로 무함마드는 목숨을 걸고 약속을 지킵니다. 누구에게도 정직하면서 성실할 뿐만 아니라 탁월한 협상가로 소문이 납니다.

이제 서로 무함마드를 고용하려고 경쟁하게 됩니다. 이미 적대 세력들 하고도 소통이 되고 신뢰의 네트워크가 생기잖아요. 당시 최고의 자본가였던 카디자의 귀에도 무함마드의 소문이 들려옵니다. 미망인이었던 카디자는 남편으로부터 어마어마한 유산을 물려받은 메카의 대표적인 부호였습니다. 카디자가 무함마드를 스카우트합니다.

한 5년 무함마드에게 일을 시켜 보니까 그전보다도 탁월하게 장사를 잘해 줍니다. 정말 정직하게 속이지 않고 자기에게 수입을 올려 주니까 정신적으로도 탄복하게 됩니다. 미망인이어서 그런지 모르겠는데 어느 순간에 남자로서도 이끌립니다. 그래서 무함마드의 나이 스물다섯 살에 열다섯 살 연상인 마흔 살의 카디자가 청혼합니다. 세기의 로맨스입니다.

당시에는 부족 간에 갈등 관계가 매우 중요했습니다. 서로 적대적일 때는 약육강식으로 서로 싸우니까요. 그때 카디자가 부족장한테 가서 무함마드와 결혼하겠다고 말하고 부족 간에 협상을 합니다. 다행히 카디자의 가문과 무함마드가 속한 쿠레이쉬 가문은 사이가 그렇게 나쁘지 않았습니다. 무난하게 두 가문이 합의에 이르고 결혼이 성사됩니다.

무함마드를 폄하하는 입장에서는 돈 많은 여자가 돈 없는 남자를 유혹해서 결혼했다는 식으로 많이 표현들을 합니다만, 최소한 가문 간의 합의에 의한 정식 결혼이었다는 점을 기억할 필요가 있습니다.

무함마드에 대한 평가는 참 극단적입니다. 서구 사회에서는 '기독교를 기만한 시대적 이단아'라든지, '사탄의 잠꼬대에 불과한 경전의 저자'라고 평가합니다. 이 평가는 제가 책에 있는 걸 그대로 따온 겁니다. 그 밖에도 '무자비한 정복자이자 사회 선동가, 성적 도착자'라는 평가들이 존재합니다.

이런 생각들이 광범위하게 확산되자 중세 교황청의 공식적인 생각은 사막의 신인 무함마드를 추종하는 무리들과 함께 호흡할 수 없다는 것이었고, 이 같은 생각은 불행하게도 이교도에 대한 무자비한 대량 학살을 가능하게 하는 쪽으로 길을 열어 주었습니다.

왜 그랬을까요? 서구 사회가 볼 때 예수를 신의 아들이 아닌 인간 예언자로 추앙하는 이슬람을 용납할 수가 없었습니다. 굉장히 위험한 생각이라고 판단한 것이죠. 그러니 이슬람의 예언자인 무함마드를 있는 그대로 받아들이기는 더더욱 힘들었을 겁니다. 당시만 해도 다른 종교와 도저히 공존할 수 없다고 생각한 것은 서구의 기독교였지 이슬람 사회가 아니었습니다. 중세 때 마녀사냥 같은 걸 보면 쉽게 알 수 있잖아요.

🕌 무함마드가 받은 계시

무함마드는 잘생겼다고 합니다. 카디자가 젊고 정직하고 잘생긴 무함마드를 남편으로 맞이했는데 그를 험난한 오지로 내보내고 싶겠습니까? "당신은 이제 집에서 관리만 하시고 아랫것들 내보내라."라고 하지 않았겠어요? 남편이 됐고, 사업 규모도 커졌으니까 관리할 사람

천사 가브리엘에게 계시를 받는 무함마드(위)
무함마드가 천사에게 계시를 받은 히라 동굴(아래)

이 필요한 겁니다.

시리아 다마스쿠스를 다녀오면 빨라야 3개월 길게는 6개월까지 걸립니다. 관리자 입장에선 상단이 가서 올 때까지는 할 일이 없습니다. 시간 여유가 생겼습니다. 메카 쪽에 동굴이 하나 있습니다. 히라 동굴입니다. 날씨가 덥고 여유가 생기자 히라 동굴에 자주 가서 명상을 합니다. 스물다섯부터 15년 동안 일상적인 명상을 하게 되면서 그동안 자기가 품어 왔던 사회적 악습과 모순에 대해 고민합니다. 그러다가 마흔이 되던 610년에 가브리엘 천사가 나타나서 첫 계시를 줍니다.

첫 계시는 아랍어로 '이끄라'입니다. 우리말도 비슷합니다. "읽어라"라는 뜻입니다. "이끄라, 이끄라, 이끄라." 그래서 꾸란에서 '이끄라' 장이 제일 중요합니다. 그때 무함마드가 "저는 글자를 배운 적이 없어서 읽을 수가 없습니다."라며 두려움에 떨다가 겨우 대답을 했습니다. 그러자 가브리엘 천사에게서 두 번째 계시가 내려옵니다. "주의 이름으로 읽어라", "알라의 이름으로 읽어라"라고 합니다.

그리고 놀라 도망을 옵니다. 집에 와서 자기 부인에게 히라 동굴에서 있었던 일을 이야기합니다. 당시는 아랍 사회가 다신교가 많은 곳이었기 때문에 사탄에 홀리고 마녀에게 유혹당하는 일이 워낙 성행하던 시기였습니다. 자기도 귀신에 홀렸다고 생각한 거겠죠.

아내에게 "어떤 천사 같은 사람이 나타나 이런 이야기를 해서 너무 두려워서 왔다."라고 얘기합니다. 카디자는 글자를 아는 엘리트 여성이었습니다. 남편이 거짓말할 사람이 아니잖아요. 정직과 성실의 아이콘이었고, 또 결혼해서 생활해 보니 더 잘 알잖아요. 그래서 남편의 말을 굉장히 경청합니다.

"그건 아마 귀신이 아니라 신의 음성일지도 모릅니다. 두려워하지 말고 가서 열심히 듣고, 듣는 대로 저에게 말씀해 주세요."

여기에 용기를 얻어서 다시 히라 동굴을 찾아갑니다. 그때부터 22년에 걸쳐서 계시가 내려옵니다. 무함마드가 글자는 몰랐지만 머리는 명석했습니다. 계시받은 내용을 아내에게 이야기하면 아내는 그것을 받아 글로 적었습니다. 그게 꾸란입니다. 만일 카디자가 아니었다면, 꾸란의 내용이 상당히 왜곡되었거나 잘못 기술됐을 가능성이 높습니다. 다행히 글자를 아는 현명한 아내가 곁에 있었던 것이죠. 역사는 이렇게 우연의 연속이기도 합니다.

🏛 꾸란의 탄생

아랍 사회는 전형적으로 구전 전승을 가졌습니다. 외우는 거지요. 초창기 때는 수백 명이 이 꾸란을 외웁니다. 외우고 또 외웁니다. 그런데 이슬람이 정복 전쟁을 시작하면서 아랍어를 모국어로 사용하지 않는 곳에까지 가게 됩니다. 이집트만 해도 말이 다르거든요. 아랍족이 셈족이고 이집트는 함족입니다. 함어를 쓰는 거죠. 그러다 보니 꾸란이 다르게 읽히고 내용이 뒤섞이면서 왜곡되는 일이 생기는 겁니다.

우리는 똑같이 얘기해도 상대방은 다른 단어로 읽고 이해하는 게 있잖아요. 말레이시아에 유명한 항구가 말라카입니다. 거기서 국제

무함마드가 천사 가브리엘에게 받은 계시 내용을 집대성한 꾸란

학술회의가 있어서 제가 발표를 했습니다. 동서 교역에 있어서 이슬람 항구 말라카가 큰 역할을 했다는 내용을 발표하는데, 사람들이 키득키득 웃는 겁니다. 발표하는 저는 굉장히 불편했죠. 영어 발음이 부정확했나? 내가 영어는 꽤 하는 편인데, 나중에 확인해 보니 말라카라는 게 현지에서 남성의 성기를 비하하는 아주 형편없는 말이래요. 말레이시아 사람들은 말라카라 하지 않고 멀루카라고 합니다.

똑같은 말이라도, 똑같은 꾸란이라도 그게 어떤 지역에서는 굉장히 나쁜 말이 될 수 있잖아요. 이런 일이 비일비재하게 일어나서 3대 칼리프 오스만 때 처음으로 문자로 기록되는 겁니다. 그때 기록된 꾸란이 지금까지 점 하나, 획 하나 틀리지 않고 그대로 전해져 내려오고 있습니다. 모두 114개 장에 6,236개 절로 구성되어 있는 방대한 양입니다. 그 당시에는 꾸란을 외우고 있는 사람들이 수백 명이었기 때문에 그들에게서 정확하게 일치된 내용으로 기록을 할 수 있었습니다. 2015년 7월에는 영국 버밍엄 대학 도서관에서 무함마드 생존 시기에 편찬된 꾸란 사본이 발견되어 세상을 놀라게 했지요. 글자를 몰랐지만 그의 추종자들에 의해 일찍부터 꾸란이 보존되었던 점만은 분명한 것 같아요.

이슬람 신자들이 종교적인 측면에서 선험적인 우월감을 갖는 이유가 바로 여기에 있습니다. 무함마드 계시 당시에 그 말씀 그대로 점 하나, 획 하나 틀리지 않고 오늘날까지 내려오기 때문에 이것을 진정한 하나님의 말씀으로 믿고 절대적으로 존중하는 겁니다. 시아, 수니를 비롯해 온갖 종파들 간에 이견이 없는 딱 하나는 꾸란입니다. 꾸란의 내용에 대해서는 어떤 이견도 없는 겁니다. 이슬람교도들이 정치적으로는 입장이 달라서 서로 죽고 죽이기도 합니다만, 이 부분에서만큼은 정확하게 일치한다는 특징이 있습니다.

🕌 무함마드의 부인들

무함마드는 632년에 사랑하는 마지막 아내 아이샤의 팔베개를 베고 죽습니다. 처음 결혼했던 카디자와 이름이 다르죠? 여기에 시사점이 있습니다. 무함마드는 부인이 여럿이었습니다. 시신은 아이샤의 집에 매장했고, 현재는 메디나 모스크 안의 예언자 묘소에 자리 잡고 있습니다. 무함마드는 겸손과 카리스마, 인간적인 성품과 덕목으로 16억 무슬림들을 사로잡았고, 지금도 생생한 모습으로 살아 있습니다.

일단 오해되고 있는 부분을 좀 풀고 지나갑시다. 무함마드는 12명

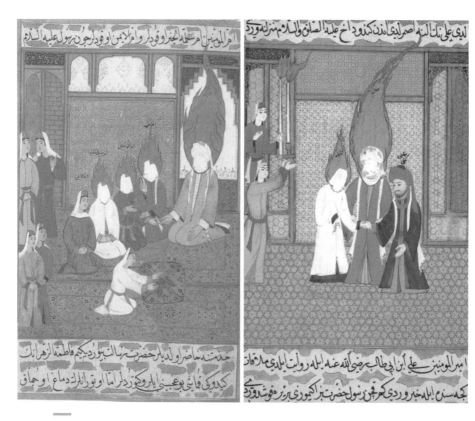

무함마드와 그의 딸 파티마(무함마드 옆 빨간 옷)(왼쪽)
무함마드가 딸 파티마를 알리에게 시집보내는 장면(오른쪽)

의 여성들과 결혼했습니다. 이 부분에 대해 서구 사회는 무함마드가 성적 도착증이 있다고 비판합니다. 당시 출산율을 보면 평균 10명쯤 낳아서 2~3명은 죽었으니까 한 엄마당 7~8명의 자녀를 두었습니다. 아내가 12명이면 자녀가 100명 이상은 있었겠죠? 그런데 죽을 때 파티마라고 하는 딸 하나만 남기고 죽습니다. 그러니까 성적 도착증이라는 말은 너무 지나친 표현입니다.

왜 12명과 결혼했겠습니까? 첫 번째 아내가 카디자입니다. 열다섯 살 연상이잖아요. 카디자가 죽을 때까지 무함마드는 순정을 지켰습니다. 카디자만 바라봤습니다.

카디자가 죽고 나서는 본격적으로 정복 전쟁을 시작합니다. 전쟁과 전쟁의 시기입니다. 이때 공동체 유지 차원에서 정략적인 결혼을 하게 됩니다. 4대 칼리프인 아부 바크르, 오마르, 오스만 등과 모두 사돈을 맺습니다. 그들의 딸들과 전부 결혼하고, 또 자기 딸을 그들과 결혼시킵니다. 그래야 그 사람들과 유대 관계를 맺고 중요한 책임을 맡길 수 있잖아요.

그중 제일 욕을 많이 먹는 게 여섯 살 아이샤와 결혼한 겁니다. 특히 페미니스트 사회에서 가장 날선 비판을 합니다. 변명의 여지가 없습니다. 아부 바크르는 그 당시 메카의 최고 부족이었습니다. 아부 바크르를 잡지 않고서는 무함마드가 공동체를 유지할 수 없었습니다. 그래서 둘이서 합의합니다. 그때 아부 바크르에게 어린 딸이 있었는데, 두 가문이 함께하는 증표로 딸과 무함마드를 결혼을 시킵니다. 무함마드가 여섯 살 여자아이를 찜 게 아니라 그 아이의 아버지 아부 바크르가 무함마드에게 "내 딸을 당신이 맡아라."라고 내준 겁니다. 그리고 아부 바크르는 무함마드 사후에 초대 칼리프가 됩니다.

이슬람에서는 만 일곱 살, 우리나라 나이로 여덟 살부터 남녀가 내외합니다. 그 당시에 딸 아이샤가 여섯 살밖에 안 됐어요. 그래서 약혼을 합니다. 입양해서 자기 딸로 입적하면 되는데, 아랍에는 그런 제도가 없었기 때문에 여덟 살 이후부턴 남녀가 한 집에서 살 수 없는 겁니다. 결혼이란 제도 외에는 데리고 있을 방법이 없었습니다. 그래서 결혼합니다. 그리고 아홉 살까지는 시집으로 오지 않고 자신의 집에서 계속 살게 됩니다. 놀라운 일은 그렇게 결혼한 아이샤가 이슬람 역사에 새 장을 엽니다. 결혼 후 9년 동안 임종까지 무함마드를 곁에서 지켰고, 또 무함마드의 모든 것을 기억했습니다. 무함마드 사후 44년 동안 이슬람 공동체가 단단한 뿌리를 내리는데 결정적 기여를 합니다. 무엇보다 무함마드의 언행을 정확히 기억하고 기록하여 그의 언행록인 하디스에 2,210여 개의 신뢰성 높은 어록을 싣게 되는 역할을 합니다. 매우 영민한 부인이었습니다. 결과적으로 아이샤가 이슬람 역사의 오리지널 리소스가 됩니다.

무함마드는 또 다른 절친이었던 2대 칼리프 오마르의 딸 하프샤와도 결혼합니다. 또 자기 딸 파티마를 유력한 부족이었던 알리에게 시집보냈고, 그가 4대 칼리프가 됩니다. 또 다른 딸 루까이야는 3대 칼리프였던 오스만에게 시집보냅니다. 그 딸이 죽자 또 다른 딸 움무 쿰술을 다시 오스만에게 시집보냅니다. 이처럼 정통 칼리프라 불리는 4대 칼리프 아부 바크르, 오마르, 오스만, 알리 등과 모두 결혼 정책을 통해 이슬람 초기의 공동체 단결과 단합을 도모합니다.

무함마드는 예언자 지위를 받기 전인 스물다섯 살 때 카디자와 결혼해서 쉰 살 가까이 25년 동안 한 여인만 사랑했습니다. 그 사이에 2남 4녀를 뒀습니다만, 전쟁 통에 다 죽었습니다. 당시 아랍 사회가 일부다처제를 오랜 관습으로 받아들이고 있었던 점을 감안하면 파격적이었습니다. 그런데 카디자가 죽고 나서 5년도 안 된 시점에 7명의 아내와 결혼합니다. 그리고 2년 뒤에는 9명으로 늘어납니다. 완전히 정략적인 결혼이란 걸 알 수 있죠?

왜냐? 당시 유목 오아시스 사회는 끊임없이 전쟁을 하던 시기입니다. 남편이나 부모, 남동생의 도움 없이 여자 혼자 살아간다는 것은 거의 불가능한 상황이었습니다. 보호를 받을 수 없었기 때문에 죽음과 동의어였습니다. 전쟁을 하면서 살아남은 전사가 죽은 동료의 가족을 무조건 부양해야 하는 사회적 책무가 있었습니다. 공동체의 발전과 여성들의 안정을 위해 일부다처가 상당한 미덕으로 받아들여지던 시기였습니다. 그래서 무함마드가 다처를 한다는 것은 당시로서는 당연한 조치였습니다.

무함마드의 아내 중 사우다, 자이납, 움무 살라마 등은 전사자들의 딸을 아내로 받아들인 것이고, 그들에게 딸린 자식들도 모두 자기 자식으로 입적합니다. 아버지를 잃은 자식들에게 진정한 아버지가 되어 준 겁니다. 이런 과정이 무함마드가 모든 사람에게 좋은 본보기로 남게 된 배경이 됩니다.

무함마드는 무슬림들이 전쟁에 나가 싸우다가 순교하는 동안 자기가 직접 본보기가 되어 공동체의 삶이 어떤 것인지 일깨워 주기 위해 솔선수범했습니다. 이러한 정신은 무함마드가 많은 여인들과 혼인했지만 임종할 때 파티마라는 외동딸만 둔 것으로도 명백하게 드러납니다. 후손을 많이 남기려고 아내를 맞이했던 게 아니고 오갈 데 없는 여인들과 아이들을 보살피기 위해 결혼한 것이라는 거죠.

무함마드는 632년에 죽습니다. 마지막 자기가 죽을 때를 압니다. 죽을 날짜를 스스로 조율합니다. 고승들도 더러 자신의 입적 시기를 알잖아요. 사인은 암이었던 것 같습니다. 고통이 끊임없이 몰려온다는 표현을 자주 합니다. 그때 죽음을 예견하고 10만 명에 달하는 추종자를 이끌고 메디나에서 메카로 순례를 떠납니다. 고별 순례입니다.

메카의 아라파트 동산에 올라가서 그 유명한 고별 연설을 합니다. 유언이죠. 고별 연설 내용은 모든 무슬림들이 여행을 하면서 가슴에 품고 다닙니다. 마음에 답답함이 있을 때 항상 이것을 꺼내서 읽습니다. 이슬람 신도들에게는 주기도문 같은 겁니다.

연설문이 꽤 깁니다. 거기에서 생명에 대한 존엄성과 생활 경제의 원칙을 천명하고 있는데, 그중에 하나가 이런 겁니다.

남에게 채무를 진 자는 빚을 갚아야 하고, 이자는 받지도 지불하지도 말라. 또한 생명과 깨끗한 재산은 주님을 만나는 날까지 신성하다.

고별 순례 직후에 마지막 계시가 무함마드에게 내려옵니다. 꾸란 5장 3절이 그것인데요, 죽음을 예고하는 계시입니다.

오늘 내가 너희를 위해 너희 종교를 완성했으며, 나의 은총이 너희에게 충만하도록 하였고, 이슬람을 너희의 종교로 만족하게 하였느니라

무함마드는 고별 순례를 마치고 몸이 급속하게 쇠잔해집니다. 그러나 연명을 위한 치료와 투약을 거부합니다. 그래서 지금도 이슬람교도들은 산소 호흡기를 안 꼽습니다. 예언자의 전통을 따르는 거죠. 죽음이란 것은 하나님이 주시는 것인데, 하나님의 뜻을 거스르면서까지 구차하게 살겠다고 하는 것은 예언자가 따랐던 방식이 아니라는 겁니다. 요즘에 우리 논의하고 좀 닮아 있죠?

그때 무함마드가 걱정을 한 가지 합니다. 내가 죽을 때 온전히 비우고 가야 하는데 아직도 비우지 못한 것이 있다고 합니다. 부인 아이샤에게 집안 재산을 모두 처분하게 합니다. 아이샤가 눈물을 머금고 재산을 정리해서 7디나르의 돈을 만들어 옵니다. 그때 돈으로는 암낙타

1마리를 살 수 있었으니 제법 큰돈입니다. 요즘으로 치면 아파트 한 채 값입니다.

이 돈을 처분하지 못하고 죽을까 봐 걱정한 겁니다. 무함마드가 아이샤를 시켜서 메디나에서 가장 가난한 사람을 찾아오게 합니다. 그때 자식 없이 살아가는 노부부를 데려와 그들에게 7디나르를 주고 사후 처리를 부탁합니다.

이 이야기를 하면 16억 이슬람교도들이 눈물을 글썽글썽합니다. 그 위대한 예언자가 죽음을 받아들이면서도 마지막까지 자기 재산을 처분하고 그걸 가난한 사람에게 주고 떠났다는 겁니다. 하지만 추종자들은 예언자의 죽음을 현실로 받아들일 수 없었습니다. 임종이 다가오니까 사람들이 모여 있었습니다. 마침내 죽어 바깥에서 기다리는 사람들에게 그 소식이 전달됩니다.

나중에 2대 칼리프가 된 오마르가 좀 과격합니다. 오마르가 사람들을 향해 외칩니다.

"우리의 예언자는 죽지 않았다. 그분은 반드시 다시 재림하여 우리 곁으로 돌아오실 것이다. 만약 무함마드가 죽었다고 말하는 사람이 있다면 내 칼에 목이 남아나지 않을 것이다."

유명한 말입니다. 이렇게 위대한 예언자가 죽을 수 없다는 거죠. 언젠가는 재림해서 우리를 구원하러 오실 것이다, 죽었다고 얘기하는 사람 있으면 용서하지 않겠다고 으름장을 놓습니다. 원래 무장 출신

메디나에 있는 예언자의 모스크에는 무함마드의 유해가 안장되어 있다.

이라 과격합니다.

이때 결정적인 역할을 초대 칼리프였던 아부 바크르가 합니다. 제가 보기에는 이슬람 역사를 바꾸는 결정적인 순간입니다. 그런 격정적인 상황에서 분위기에 휩쓸리지 않습니다. 오마르를 불러 다독거리면서 아주 냉정하게 말합니다.

"그분은 돌아가셨다. 다시는 살아 돌아오시지 않을 것이다. 우리처럼 그분의 몸은 흙이 되어 썩어 사라질 뿐이다."

무함마드를 신격화하려는 움직임이 여기서 꺾입니다. 아주 평범한 인간으로 나서 평범한 인간으로 죽고, 죽어서 흙이 되어 사라진다고 합니다. 이것이 이슬람 성공의 결정적인 계기가 됩니다. 평범의 리더십입니다.

아무런 기적도 행하지 않았고, 출생의 신비도 없었고, 살아가면서 초월적인 역할도 하지 못했고, 죽을 때도 보통 사람처럼 앓다가 죽었고, 가난한 채로 재산을 비웠고, 죽고 나서도 보통 사람처럼 흙으로 썩어 없어졌습니다. 재림하지도 않고, 앞으로 나타나지도 않고 그냥 사라져 버립니다. 그 덕에 지금까지 살아남은 겁니다.

이 과정을 이해하지 않고서는 그 별 볼 일 없는 무함마드가 왜 16억 명의 가슴 속에 살아 있는지 알 수가 없습니다. 왜 무함마드 만평을 그리고 희화한다고 해서 자기 일로 여겨 죽음을 불사하고 화염병 던지고 벌떼처럼 일어나는지 이해하지 못하는 겁니다.

무함마드는 무슬림들이 자기 영혼 속에 가지고 있는 마지막 존재입니다. 이것이 무너졌을 때 이 사람들은 못 견딥니다. 옳고 그름의 문제가 아닙니다. 이런 내용을 이해하지 않고서는 오늘날 무슬림들의 행동을 이해하기 어렵다는 점을 기억하시기 바랍니다.

마지막으로 정리합시다. 무함마드의 리더십을 한 줄로 정리한다면 '적에 대한 관용과 가난하고 버림받은 자에 대한 한없는 낮춤의 리더십'이라고 말할 수 있습니다. 유산을 남기지 않았고, 후계자도 지명하지 않았고, 끝까지 인간으로 남았고, 기적도 행하지 않았습니다. 관용과 한없는 낮춤의 리더십입니다.

마지막 고별 연설에서는 여성에 대한 인권혁명을 이루고 죽습니다. 우리가 지금 생각하는 이슬람 여성과는 정반대잖아요. 왜 이런 모순이 생겼는지는 다음 시간에 다루겠습니다. 후계자를 남기지 않음으로써 수니, 시아가 갈리는 계기를 만들었다는 것도 다음 시간에 다루겠습니다.

이슬람은 무엇을 믿나요?

Islam

알라는 누구이며 하나님과 무엇
이 같고, 무엇이 다른지, 구란과 성
경의 내용이 어떻게 일치하고 있는
지, 수니와 시아의 차이는 무엇인지 등
을 알아본다. 다른 생각과 가치를 가지고 살아
가는 이슬람 사람들의 신앙을 살펴보고, 그들이 어떤 근거
에 따라 믿음을 갖게 되었는지 이해할 수 있다.

오늘 강의는 이슬람에 대한 겁니다. 강의가 끝난 뒤에 개종이 많이 일어나면 좋겠습니다. 세상에는 참 다양한 종교가 많지 않습니까? 우리나라 문화부에 등록된 신흥 종교만도 100개가 넘더군요. 처음 들어 보는 수십 가지 민족 종교부터 기독교 계통, 불교 계통, 유교 계통 등 공식적으로 등록된 것만 그렇습니다. 그런데 세상에서 가장 많은 사람이 믿는 종교가 이슬람 아닙니까? 하지만 우리나라 사람들은 믿으면 큰일 난다고 생각하지요. 기독교에 가장 가까운 종교가 이슬람교인데도 말이죠. 우리 사회에서 큰 종교 중 하나인 기독교가 우리나라에 들어온 지 100년 조금 넘었습니다. 그렇게 오래된 역사가 아닙니다. 따지고 보면 서양 외래 종교지요.

이슬람 이야기를 하면 불편해 하시는 분들이 있을 수 있어요. 그러나 지구상에서 이웃으로 살아가고 있는 사람들에 대해 편견 없이 정확하게 아는 것은 그것을 받아들이는 것과는 전혀 다른 문제입니다. 나와 다른 생각, 다른 가치를 가지고 살아가는 사람들에 대해 편견 없이 이해하는 것과 자기 관점으로 받아들이는 것은 다른 차원의 이야기입니다. 그 사람들은 어떤 사연과 어떤 근거에 따라서 이런 신앙을 갖게 되었는지 알아봅시다.

🕌 예수와 무함마드

오늘의 첫 이야기는 예수와 무함마드의 만남입니다. 두 사람이 만났나요? 두 분은 실제로 만나지는 못했습니다. 시간이 600여 년 차이가 납니다. 우리가 기원 전후를 예수 탄생 기점으로 하지 않습니까? 무함마드가 탄생한 것은 570년, 첫 계시를 받은 게 610년이니까 예수님보다 600년 정도 뒤에 나타난 인물이라고 생각하시면 됩니다.

예수님보다 600년쯤 전에 어떤 사람이 있었을까요? 소크라테스 등 그리스 대철학자들, 공자, 맹자, 붓다, 조로아스터, 유다의 선지자들이 그 즈음에 나타납니다. 그렇게 보면 600년을 주기로 인류가 큰 지식의 변화를 경험하게 됩니다. 칼 야스퍼스라는 철학자는 이를 인류 역사에서 '지식의 축' 시대로 설명했습니다.

기원전 5~6세기에 엄청난 성현들이 등장합니다. 그리고 600년 뒤에 예수 그리스도라고 하는 불멸의 성인이 또 나타납니다. 다시 600년 뒤에 무함마드라고 하는 또 하나의 인류의 스승이 나타납니다. 이렇게 생각하면 인류 지성사의 큰 흐름을 이해할 수 있겠죠?

예수와 무함마드는 역사적으로는 만나지 못했지만 신학적으로는 만납니다. 무함마드가 생전에 예루살렘으로 꿈속의 여행(Isra, 이스라)을 한 다음 예루살렘에서 승천(Miraj, 미라즈)해서 예수님을 만납니다. 이슬람의 전승에 따르면 하늘은 7개로 구성되어 있는데 무함마드가 하늘로 올라가 아담, 세례 요한, 요셉, 아론, 모세, 아브라함, 예수를 만납니다. 많은 무슬림들이 이런 사실을 믿고 있지요. 이처럼 신학적으로는 두 분이 매우 가깝게 만납니다.

여러분이 생각하시기에 '이슬람과 기독교는 완전히 다른데 어떻게 두 사람이 만났다는 거지?' 하고 의문을 품으실 겁니다. 이슬람에서도 예수는 중요한 자리를 차지하고 있습니다.

오늘은 고정관념을 깨는 시간입니다. 예수의 모습도 하나만 있는 게 아닙니다. 다양한 예수의 성화가 전해져 내려오고 있습니다. 성모 마리아 품에 안긴 아기 예수의 모습도 있고, 장성한 예수의 모습도 있습니다. 그런데 우리 눈에 가장 익숙한 예수의 모습은 어떻습니까? 금발 머리에 파란 눈, 백옥같이 하얀 피부를 가진, 가장 우수한 인간이라고 불리는 게르만형 외모를 하고 있습니다. 이 그림을 모든 기독교에서 표준 성화로 쓰고 있습니다.

성 소피아 성당에 그려진 예수의 그림은 또 다릅니다. 그리스 정교, 러시아 정교에서 사용하는 예수 그림은 로마 가톨릭에서 채택한 게르만형이 아닙니다. 그리스풍이 짙게 배어 있습니다. 이집트의 콥트 기독교인이 모시는 예수의 모습은 또 다릅니다. 다분히 아랍적인 얼굴입니다.

2001년 BBC에서 〈신의 아들Son of God〉이라는 다큐멘터리 시리즈

시계 방향으로 로마 가톨릭 예수, 그리스 정교와 러시아 정교 예수, 이집트 콥트교 예수의 모습이다. 그리고 BBC 다큐멘터리 〈신의 아들〉(2001)에서 추정한 예수의 실제 얼굴

를 한 적이 있습니다. 시리즈의 마지막 장면이 법의학자이자 인류학자인 리차드 니브 박사가 추정하는 '예수의 실제 얼굴'이었습니다. 예루살렘 부근에서 도로 공사 중 1세기 때의 유대인 두개골이 무더기로 발굴됐는데, 그중 가장 대표적인 것을 선별해서 법의학과 컴퓨터 그래픽을 사용해 복원한 얼굴입니다. 예수의 얼굴이라고 특정할 순 없겠지만, 1세기 때 유대인의 보편적인 얼굴이라고는 말할 수 있습니다.

멕시코의 유명한 성지 중 하나인 과달루페 성당에 가면 성모상이 어떻게 만들어져 있나요? 블랙 인디오잖아요. 그곳은 라틴 아메리카 최고의 성지입니다. 신자들이 오체투지를 하면서 파티마를 만나고자 고통의 길을 기어갑니다. 마침내 과달루페 대성당에 도착하면 검은 피부의 인디오 성모가 눈물을 흘리면서 치유의 어머니로 앉아 있잖아요. 최근 제가 다녀온 스페인의 몬세라트 수도원에서 만난 검은 성모도 강한 감동으로 남아있습니다. 결국 자기 마음속에 어떤 예수와 성모를 받아들이는가가 훨씬 중요하지 않겠습니까? 우리에게 익숙한 게르만형 예수만이 진짜고 나머지는 틀렸다고 말할 수 있나요?

이천에 가면 월전미술관이 있습니다. 월전 장우성 선생님은 한국형 성모와 예수를 그리셨습니다. 한 번 가 보세요. 우리에게 정말 친근하고 아름다운 한국형 성모와 한국형 예수 그리스도를 만날 수 있습니다. 저도 집안 분위기가 가톨릭이라 기회가 있을 때마다 한국형

인디오처럼 황갈색 피부에 검은 머리를 가진 과달루페 성모상

마리아와 한국형 예수님을 받아들이자고 주장을 하곤 합니다. 그런데 교황청에서 아직 승인이 안 나서 공식적으로는 사용하지 못한다고 합니다. 하지만 그렇게 될 가능성은 많아 보입니다.

원 안에 부드럽게 그려진 초기 기독교의 십자가 문양

십자가 모양도 초기에는 달랐습니다. 원 안에 친근하고 따뜻하고 부드러운 모양으로 십자가가 그려져 있었습니다. 일종의 문양처럼 생겼습니다. 이게 유럽의 고딕과 만나서 뾰족하고 길어지기 시작합니다. 고딕이란 게 하늘로 솟아오르잖아요. 인간을 떠나 신을 만나려고 하늘로 올라가다 보니 십자가도 긴 장방형으로 바뀝니다. 지금도 이집트 알렉산드리아나 시리아 안티오크, 터키 소아시아 지역 같은 곳에 가 보면 초기 십자가가 많이 남아 있습니다. 왜 이슬람 이야기를 하면서 갑자기 예수의 성화와 십자가 설명으로 빠지는가? 의아해하실 테지만 예수도 이슬람에서 엄청 중요한 인물이거든요. 두 종교의 차이점과 다른 점을 차근차근 살펴볼까요?

🕌 꾸란이 말하는 알라와 예수

이슬람은 유일신 알라를 믿는 종교입니다. 하나님의 아랍어 표기가 알라입니다. 기독교의 하나님과 이슬람의 알라가 같은가 다른가 하는 논쟁이 있습니다. 제가 편견 없이 설명을 드릴 테니 여러분들이 판단 하십시오.

꾸란에서 알라는 네 가지 속성을 가지고 있다고 말합니다.

첫째, 알라는 전지전능하십니다.
둘째, 알라는 절대자이십니다.
셋째, 알라는 유일하십니다.
넷째, 알라는 삼라만상 우주를 창조한 창조주이십니다.

기독교의 하나님과 뭐가 다른가요? 완벽하게 일치합니다. 세상에 하나님이 두 분 있을 순 없잖아요. 같은 하나님입니다. 그 하나님에게 다가가는 구원의 방식과 하나님을 받아들이는 관점, 즉 신앙적 차원 을 달리했을 뿐입니다.

아랍 지역에도 기독교도가 많이 살고 있습니다. 1,500만 명 전후로 추산합니다. 예수께서 베들레헴에서 태어나서 예루살렘에서 십자가 처형당하셨잖아요. 서기 70년에 이스라엘이 망하면서 많은 기독교도 들이 로마로 끌려가 고통을 받았습니다. 트라야누스 황제, 네로 황제 때 대순교를 당했고, 글래디에이터가 등장하면서 콜로세움의 히포드

'알라 이외에 신은 없고 무함마드는 알라의 사도이다'라는 구절

롬 광장에서 사자의 먹이가 되는 혹독한 과정을 거칩니다. 그러다가 마침내 콘스탄티누스 황제 때 기독교가 공인됐지요.

그 이후로 기독교가 유럽에 뿌리를 내리게 됩니다. 그때가 서기 325년입니다. 그렇다면 예수 사후 그때까지 로마에 끌려가지 않은 기독교도들은 어디에서 살았을까요? 아랍에 있었습니다. 원래 태어난 그 자리에서 지금까지 살아오고 있는 겁니다. 그 숫자가 1,500만 명에 이릅니다. 이집트 남부의 콥트교도들이 약 800만에서 900만에 이르고, 시리아, 요르단, 레바논에도 많은 기독교도들이 공동체를 이루며 살아왔습니다. 그 밖에도 터키를 비롯해 아랍 전역에 퍼져 살아가고 있습니다.

이런 질문을 하시는 분들이 계세요.

"이슬람으로 개종하지 않으면 죽인다는데, 어떻게 살아남았지?"

무려 2천 년 동안 살아남았잖아요. 이슬람에서는 일신교를 믿는 다른 신앙을 완벽하게 보호해 줍니다. 법으로 그렇습니다. 그러나 자기 신앙을 강제로 다른 사람에게 퍼트리는 행위, 즉 선교 행위는 실정법으로 금지돼 있습니다. 이건 매우 위험하니 조심해야 합니다. 선교만 문제가 되지, 자기 신앙을 충분히 영위할 수 있습니다. 교회를 지을 수도 있습니다. 그러니 많은 기독교도들이 교회도 짓고 살아남을 수 있었겠죠.

자기 신앙을 상대방에게 강요하는 것은 꾸란을 위배한 게 아니라 실정법을 위반한 겁니다. 대부분의 이슬람 국가에서는 굉장히 무거운 죄로 다룹니다. 기독교에서는 자기 신앙을 전파하는 것이 가장 신성한 의무 중에 하나잖아요. 기독교적인 신성한 의무와 이슬람 국가의 현행법이 충돌하는 겁니다. 이게 한국 기독교계가 해외 선교에서 부닥치는 큰 문제입니다. 로마에 가면 로마법을 따를 수밖에 없는 겁니다. 종교법과 실정법이 충돌할 때 현대 사회에서 종교법을 우선시할 수는 없지 않겠습니까?

그렇다면 아랍인 기독교도들은 하나님을 뭐라고 부를까요? 이슬람에서 쓰는 알라와 똑같이 알라라고 부릅니다. 제가 찍은 사진 중에 시리아에 있는 한 기독교 교회 대문이 있습니다. 가운데 십자가가 그려져 있고, 십자가 오른쪽에는 '알라', 왼쪽에는 '무합바'라고 쓰여 있습니다. 무합바는 사랑한다는 뜻이니, 직역하면 "하나님은 예수님을 사랑하신다"가 되겠죠?

이처럼 2천 년간 아랍 지역에서 기독교 신앙을 지켜 온 모든 아랍 기독교도들이 하나님을 알라라고 부르는데, 그들보다 훨씬 늦게 기독교 신앙을 받아들인 바깥쪽 사람들이 알라와 하나님은 다르다고 주장한다면, 그건 모순이겠

시리아의 기독교 교회 대문에 그려져 있는 십자가 문양. 오른쪽 글자가 '알라'다.

죠? 아랍어판 성경이 있겠습니까, 없겠습니까? 영어도 있고, 우리나라 말도 있으니 당연히 있겠죠? 아랍어는 세계 6대 언어 중 하나입니다. 당연히 아랍어로 번역해 놓았겠죠? 그 책에 주님, 하나님을 뭐라고 썼겠습니까? 거의 대부분의 판본에 '알라'라고 되어 있습니다.

최근에 이런 일이 있었습니다. 말레이시아에서 생긴 일인데요, 말레이시아는 옛날에 예수회 신부들이 많이 들어왔고 말라카 쪽은 포르투갈과 영국의 식민지였기 때문에 기독교도가 굉장히 많습니다. 이 사람들이 토착민들에게 기독교를 전파하려고 성경을 말레이어로 번역해서 뿌렸습니다.

그런데 이때 하나님과 주님을 모두 알라라고 번역했습니다. 그러다 보니 이슬람을 믿던 말레이시아 사람들이 헷갈리는 겁니다. 기독교의

주님도 알라라고 하니 무슬림 사이에 대혼란이 일어나서 기독교에 관한 관심이 일기 시작했습니다. 당황한 말레이시아 정부에서 대책을 내놓습니다. 법원이 선교는 자유롭게 하되 성경의 '알라'라는 표현은 다른 말로 바꾸라고 명령을 내린 겁니다. 무슬림들이 막 흔들리니까 그랬습니다. 우리하고는 정반대죠? 거기 기독교도들은 기독교를 더 잘 전파하고자 계속 '알라'라고 쓰고 싶어 하고, 말레이시아 정부에서는 그걸 막으려고 합니다. 지금 말레이시아 사회에서 일고 있는 큰 사회문제입니다.

결론적으로는 기독교의 하나님과 이슬람의 알라는 용어 자체도 같고, 존재 자체도 같습니다. 그러나 하나님을 품은 방식이 다르기 때문에 종교는 다르다고 말할 수 있겠죠? 하지만 지금까지는 다름을 강조해 왔다면 같음도 알아야 다름도 의미가 있지 않을까요? 유대교에서는 야훼라고 부르고, 개신교에서는 하나님, 가톨릭에서는 하느님, 영어로는 대문자 God, 이슬람에서는 알라라고 부릅니다. 중국말로는 어떻게 부르나요? 천주天主, 상제上帝라고 부릅니다.

🕌 예수를 버린 유대교와 유럽과의 갈등

그럼 같은 신을 섬기는 이슬람과 기독교 그리고 유대교가 뭐가 같고 뭐가 다를까요? 유대교에서는 '토라'라고 부르는 창세기에 보면 아담과 이브, 노아의 방주 이야기가 나오고, 아브라함의 이야기, 모세의 출애굽 이야기도 나오죠? 여기까지가 크게 볼 때 구약이라고 할 수 있습니다. 창세기부터 구약까지는 이들 세 종교가 성서 내용을 공유하고 있습니다. 물론 배열 순서나 미세한 해석의 차이는 분명히 있습니다. 그것도 뒤에 이야기하겠습니다.

세 종교가 나누어진 결정적 신학 논쟁의 핵심은 예수 그리스도의 신학적 위상 문제입니다. 신학적으로 예수 그리스도를 어떻게 어디에다 놓을 것인가, 여기서 세 종교가 나뉩니다.

유대교는 어떻게 했나요? 예수님을 버렸습니다. 하나님의 독생자로서 세상을 구원하고자 내려온 메시아라고 인정하지 않고 혹세무민한 위선자 사기꾼으로 보고 그 가지를 잘라 냈죠. 왜 그랬을까요? 당시 유대인들은 바리사이파를 중심으로 유대 백성만이 하나님의 선민으로서 구원받을 것이라는 확고한 믿음을 가지고 있었습니다. 그런데 예수께서 오셔서 민족과 계급과 출신에 상관없이 모두가 하나님 앞에서 평등하고, 하나님만 믿으면 누구나 구원받을 수 있다는 만민 평등과 보편 구원이라는 새로운 메시지를 줬잖아요. 이게 세계로 퍼져 나간 겁니다.

유대인들 입장에서 보면 어떻겠습니까? 수천 년간 고통당하면서도 젖과 꿀이 흐르는 땅으로 하나님께서 선택해서 인도해 주시기를 기다리고 있는데, 어디서 메시아라고 불리는 청년이 나타나 만민 평등과 보편 구원을 설파하는 겁니다. 그때까지 가져왔던 모든 꿈이 허망해지고 기득권도 침해당하게 생겼습니다. 그래서 예수를 혹세무민한 위선자로 보고 로마의 빌라도 총독을 압박해 골고다 언덕에서 십자가 처형을 받게 하잖아요. 이 과정을 통해 유대교는 기독교와 도저히 화합할 수 없는 루비콘 강을 건너게 됩니다. 적대감이 바로 여기서 출발합니다. 구세주 예수를 밀고해 십자가 처형으로 버렸던 지울 수 없는 원죄가 유대교와 기독교 간 갈등의 시작입니다.

서기 70년에 이스라엘이 로마에 멸망하면서 유대인 상당수가 끌려서 로마로 갑니다. 지난 2천 년 동안 유대인들의 이산을 의미하는 '디아스포라Diaspora'가 바로 이때 시작됩니다. 나라 없는 유랑 생활을 경험하면서 기독교 유럽 사회로부터 지독한 민족적 차별과 종교적 박해를 받았습니다. 이게 바로 안티 세미티즘Anti-Semitism, 즉 반유대주의의 뿌리가 됩니다.

유럽 사람들이 유대인들을 얼마나 끔찍이 싫어했는지는 후반부 팔레스타인 문제를 다룰 때 상세히 말씀드리겠습니다만, 중세까지만 해도 유대인과 악마는 동일한 개념이었습니다. 이 프레임이 16세기까지 이어집니다. 그때까지 악마란 하나님을 믿지 않는 사람들을 지칭했으니까요. 〈베니스의 상인〉 같은 셰익스피어 작품이나 단테의 작품에서까지 인간 사회를 좀먹는 악마로 유대인이 묘사되지 않습니까? 유대인들은 유럽 문학의 단골 악역이었지요.

사실 나치의 홀로코스트도 유럽인이 갖고 있던 뿌리 깊은 반유대주의가 바탕이 됐습니다. 그 밑바닥 정서가 히틀러라는 한 파시스트적인 인물에 의해 극단적으로 표출된 것입니다. 그래서 홀로코스트에 대해 유럽인들은 결코 자유롭지 못합니다. 침묵, 방관하는 공범자 역할을 한 거죠. 뿌리 깊은 반유대 정서 때문이었습니다. 이 사건 때문에 오늘날 유럽인들이 유대인에 대해 원죄 의식과 지울 수 없는 심리적 부담을 갖게 된 것입니다.

그래서 이스라엘이 국제법을 위반하고 UN 안보리 결의안을 제멋대로 무시해도, 팔레스타인 관련 UN 결의안이 총회에서 찬성 192표, 반대 2표로 통과되어도, 팔레스타인 점령지에 세운 분리 장벽을 허물라는 국제사법재판소의 최종 판결이 나와도, 이스라엘은 막무가내로 버티며 세상을 우롱합니다.

그래도 유럽 사람들은 제재는커녕 이스라엘에게 네가 잘못했다고 이야기하지도 못합니다. 이런 현실은 이와 같은 배경에서 비롯되었습니다. 반대 두 표가 어딘지는 아시죠? 이스라엘과 미국입니다.

제2차 세계대전을 거치면서 유럽의 압박과 눈에 보이지 않는 차별을 더 이상 견디지 못한 약 300만 명이나 되는 유대인들이 하루아침에 돈 보따리를 싸 들고 어디로 가나요? 전쟁 후 무게중심이 유럽에서 미국으로 옮겨 가니까 상당수가 미국으로 건너갑니다. 홀로코스트 이후에는 무슨 일이 있어도 유럽에서 살고 싶지 않겠죠? 머릿속에 어떤 기억이 있습니까? 600만 명이 가스실에서 죽어 나갔는데 어떻게 그 땅에서 살고 싶겠어요? 미국이 새로운 아메리칸 드림을 제시해 주자 몽땅 그리로 가는 겁니다.

이 자본이 가난한 뉴욕의 할렘 가에 뿌리를 내립니다. 지독하게 열심히 일합니다. 2천 년간 당해 왔던 응어리와 분노와 고통을 곱씹으며 맘껏 활개를 치기 시작합니다. 얼마나 지독하게 일했을지 상상해 보십시오. 성공하지 않을 수 없는 겁니다. 가난한 할렘에서 뉴욕 서부 일대를 다 장악합니다. 마침내 월스트리트를 장악해서 금융의 주인이 되고, 그것으로는 돈을 지킬 수 없으니까 할리우드로 진출해서 문화를 장악하고, 언론에도 진출해서 미디어를 장악합니다.

뉴욕 타임스, 워싱턴 포스트, 월스트리트 저널을 만들고 AP, 로이터, UPI 통신, 타임, 뉴스위크 잡지도 소유합니다. 걸프 전쟁 때는 CNN, AOL 등을 장악하여 세계의 여론을 만들어 내고 주도해 갑니다. 세계 언론은 거의 완벽하게 유대계가 장악하고 있습니다. 그리고 20세기 최고의 석학인 아인슈타인과 프로이트 같은 유대인 천재들이 하버드와 예일 등지에 뿌리를 내리면서 미국의 아카데미즘을 장악합니다.

600만밖에 안 되는 유대인들이 월스트리트 금융을 장악하고, 전 세계 언론을 장악하고, 할리우드 문화를 장악하고, 명문 대학의 아카데미즘을 장악하면서 지금의 엄청난 파워를 갖게 됐습니다.

다시 유대교를 정리해 보겠습니다. 유대교는 예수의 신약을 버리고

162

창세기와 구약까지를 받아들였습니다. 유대인들은 토라라고 부릅니다. 토라는 자체가 어렵고 2천 년 전에 만들어진 거라 오늘날에 적용하기가 쉽지 않잖아요. 그 토라를 오늘날 일상생활에 어떻게 적용할지 쉽게 해설한 책을 《탈무드》라고 이해하시면 되겠습니다.

🏛 기독교의 예수와 이슬람의 예수

기독교는 325년, 니케아 공의회를 통해 삼위일체 교리를 받아들입니다. 삼위일체론을 주장하는 아타나시우스파와 예수가 피조물이며 **단성론**을 주장하는 동방의 아리우스파가 첨예하게 대립합니다. 세력을 놓고 보면 동방의 아리우스파가 훨씬 강했습니다. 그러나 정치적인 목적 때문에 로마 교황청이 아타나시우스파의 삼위일체론을 정식 교리로 선택합니다. 정치적 결단이죠. 신앙적인 결단이 아니라 정치적인 결단이니 예수의 단성론을 주장하던 아리우스파가 그 결단을 수용할 수 있겠습니까? 그래서 끝까지 자기 신앙을 포기하지 않습니다. 여기서 또 기독교가 나누어집니다.

삼위일체론은 이런 내용입니다. 예수 그리스도는 마리아라고 하는 육신에서 태어났지만, 하나님의 아들로 불리며 신격화가 이뤄집니다. 삼위가 하나가 된다는 게 영어로 트리니티Trinity인데, 상당히 어려운

단성론

이집트 알렉산드리아 출신의 아리우스는 아타나시우스의 삼위일체설에 대항하여 단성론을 주장하였다. '성자' 예수는 창조된 존재(피조물)이며, '성부'에게 종속적인 존재로 해석했다. 삼위일체에 반대하는 아리우스파는 제1차 니케아 공의회(325년)에서 이단으로 배격되었으나, 동방 기독교의 여러 형태로 살아남았다. 예수를 피조물로 보는 아리우스 사상은 후일 이슬람교의 기본 원리와 매우 유사하여 상호 영향성을 살펴볼 수 있다.

개념입니다. 트리니티는 고대 종교에도 있었습니다. 이집트의 기본 종교도 트리니티고, 조로아스터교에도 트리니티 개념이 있었습니다.

오늘날 기독교가 존재하는 것은 세 가지 개념 때문입니다. 하나님께서 인간의 죄를 대신 사하고자 독생자 예수를 보내 십자가 처형을 받게 합니다. 대속代贖의 개념입니다. 그리고 3일 만에 부활하심으로써 기독교는 비로소 존재하게 됩니다. 굉장히 중요한 개념입니다. 원죄와 대속과 부활이라는 이 세 개념에서 단 하나라도 부정되면 기독교는 존재할 수 없습니다. 이 과정을 통해 예수님은 신성화되었고, 아버지 하나님과 다르면서도 같은 존재가 됐습니다.

그렇다면 이슬람은 예수를 버렸습니까, 받아들였습니까? 유대교와 달리 예수님을 받아들입니다. 받아들이되 단성론의 입장을 취합니다. 인간으로서의 예수, 신성은 인정하지 않고 인성만 받아들입니다. 하지만 그냥 평범한 인간으로 보지는 않습니다. 인성을 받아들이되, 인간이 가질 수 있는 최상의 위치에 놓고 받아들였습니다. 하나님의 복음을 인간 세상에 충실히 전파하고 오류를 범하지 않은 최상의 인격체로 믿습니다. 완벽한 인간으로 받아들이고 존경하는 것이죠. 이것이 기독교와 이슬람의 근본적인 차이입니다. 그래서 이슬람에서는 예수를 예언자와 선지자로 봅니다.

이슬람에는 역사상 가장 뛰어난 선지자가 5명 있는데, 예수 그리스도가 그중 한 명입니다. 아담, 아브라함, 모세, 예수, 무함마드, 이렇게

5명입니다. 아담은 최초의 인간이니까 존경을 받고요, 두 번째는 아브라함, 세 번째는 모세, 네 번째는 예수, 마지막 예언자가 무함마드입니다. 이슬람 학자들에 따르면 적게는 1,300명에서 많게는 3천 명에 달하는 예언자들이 역사 속에 등장합니다. 그 수천 명의 예언자 중에서 가장 뛰어난 5명을 이렇게 꼽습니다.

다시 정리해 볼까요? 유대교에서는 예수를 예언자가 아닌 혹세무민하는 위선자로 봤고, 기독교에서는 신과 동일시하면서 예수 자체가 신앙의 대상이 됩니다. 이슬람에서는 신의 위대한 예언자 중 한 명으로 봤습니다. 따라서 무함마드도 한 줌의 신성도 가지지 않은 최상의 인격체에 불과합니다. 예수와 무함마드의 차이는 시대적인 차이입니다. 무함마드는 예수 이후에 신이 보낸 마지막 예언자라고 말합니다.

'마지막 예언자'로 무함마드를 꼽는다는 게 이슬람의 가장 중요한 특징입니다. 그리고 계시가 봉인됐다고 합니다. 더 이상 예언자는 나타나지 않습니다. 그래서 무함마드 이후에 다른 예언자가 나타났다고 하면 모두 이단이 됩니다. 최후의 심판이 있기까지 무함마드가 인간 세계를 관장할 최종적으로 완성된 복음을 가지고 오셨다고 믿고 주장하는 겁니다. 그 완성된 복음이 바로 꾸란인 거죠.

무함마드는 앞선 복음을 부정하지 않습니다. 대신 아담 이후 하나님이 주셨던 모든 복음을 종합하고 총합해서 완벽하게 만들었다고 평가합니다. 왜 완벽한 복음이 필요했을까요? 이런 의문에 대해 이슬람 학자들은 이렇게 설명합니다. 하나님께서 아담으로 충분했으면 아담 시기에 완벽한 세상을 만들고 끝났을 텐데 끊임없이 예언자를 보내시잖아요. 아브라함도 보내고, 야곱도 보내고, 다윗도 보냈습니다. 하나님께서 이미 주셨던 복음이 어느 시점을 지나면 오만한 인간에 의해 왜곡되기 때문입니다. 또 인간에게는 다른 동물들과 달리 예지 능력과 이성을 주셨는데, 그것을 잘못 사용함으로써 하나님의 복음이 왜곡되고 오염될 수 있다고 봤습니다. 그 오염을 정화하려고 끊임없이 예언자를 보내신다고 생각했습니다.

예수 이후 600년이 지난 시점에 이슬람이 나타난 것도 당시 시대상이 가히 종말론적이었기 때문입니다. 그때 동양은 남북조의 5호 16국 시대입니다. 유럽에서는 비잔틴 제국과 사산조 페르시아가 300년간 전쟁하던 가장 참혹한 시기였습니다. 동서양을 막론하고, 하나님께서 주신 복음이 지켜지고 있다고 아무도 믿지 않은 세기말적 현상이 세상을 지배하고 있던 때입니다. 이때 이슬람이 내려온 겁니다. 이슬람에서 마지막을 강조하는 것은 이처럼 세계사적인 흐름과도 무관하지 않습니다.

경전이란 관점에서 보면 유대교는 구약 중심이고, 기독교는 구약과 신약을 가지고 있습니다. 이슬람은 구약의 내용이 거의 꾸란에 들어가 있습니다만, 신약은 어떨까요? 예수의 신성을 인정하지 않으니까 그와 관련된 부분은 걸러서 다 버렸습니다. 일부러 따로 버린 건 아닙니다만, 무함마드의 계시를 분석해 보니까 예수의 신성은 버려졌다고 말할 수 있겠죠. 대신 예수의 인성 부분, 인간으로서의 예수는 상당 부분 포함되어 있습니다. 내용이 어마어마하게 많습니다. 양으로만 보면 무함마드에 대한 기록보다 월등하게 많습니다.

종교를 과학적으로 보는 건 무의미하긴 합니다. 무함마드는 글자를 몰랐습니다. 일자 무학이었던 그가 받은 계시가 1,400년이 지난 지금까지 점 하나 획 하나 틀리지 않고 원본 그대로 내려오고 있다는 게 놀라운 거죠. 머릿속에서 지어냈으면 많은 모순이 있지 않았겠어요? 현재 16억 명이나 되는 사람들이 그것을 절대적으로 믿고 있으니까 보편적 신앙으로 인정할 수밖에 없습니다. 구약의 기본에 신약에서 나오는 예수의 인성 부분이 상당히 들어가 있고, 또 610년부터 22년간 무함마드가 직접 계시를 받은 내용이 합쳐진 것이 꾸란이라고 이해하시면 되겠습니다.

꾸란의 개경장

꾸란에는 어떤 내용이 담겨 있고, 예수를 어떻게 묘사하고 있을까요? 무척 궁금하시죠? 자, 기대하십시오.

기독교에는 주기도문이 있지요? 이슬람에서는 개경장이 있습니다. '개봉하는 장'이란 뜻입니다. 아랍어로는 '수라툴 파티하'라고 부

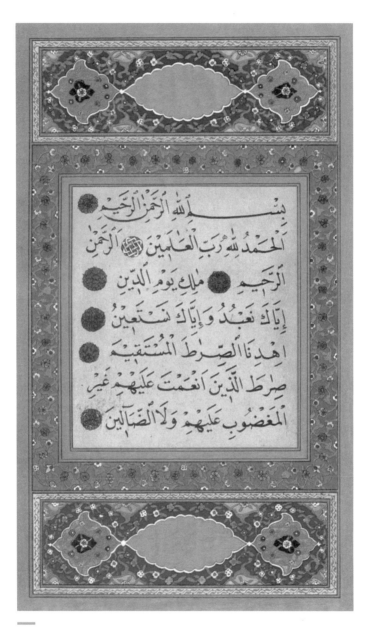

꾸란의 첫 번째 장인 개경장

르는데, 영어로는 '오프닝 챕터Opening Chapter'입니다. 역할도 주기도문과 비슷합니다. 하루 다섯 번 예배하는 모든 시간에 반드시 이 장을 암송합니다. 꾸란의 여러 장 중에서도 가장 위대한 장으로 평가받고 있습니다.

> 자비롭고 자애로우신 하나님의 이름으로
> 모든 찬미는 우주만물의 주인이신
> 하나님께만 있나이다.
> 가장 자비롭고 자애로우신 분
> 심판의 날의 주재자이신
> 하나님께만 찬미가 있나이다.
> 오직 당신만을 우리는 숭배하오며
> 오직 당신께만 도움을 청하나이다.
> 우리를 올바른 길로 인도하여 주소서.
> 당신의 노여움을 받은 자들의 길이 아니고
> 또 방황하는 자들의 길도 아닌
> 당신께서 은총을 내려 주셨던
> 그런 자들의 길로 인도하여 주소서.

내용이 어떻습니까? 기독교와 굉장히 닮았죠? 이 기도문을 무슬림들이 하루 다섯 번씩 매일매일 암송합니다. 이 내용만 보면 이슬람과 기독교가 별로 다르지 않다는 것, 얼마나 닮아 있는지를 알 수 있습니다.

🕌 꾸란에 등장한 예수

꾸란에는 예수님에 관한 이야기가 많이 나옵니다. 예수님의 탄생에 대해서는 이렇게 기록되어 있습니다.

보라, 천사들이 말하기를,

마리아여, 실로 하나님께서는 그로부터 네게 기쁜 소식의 말씀을 전하노니 그의 이름은 메시아, 마리아의 아들 예수니라.

_ 꾸란 3장 45절

'마리아의 아들 예수'라는 부분을 분명히 해 뒀습니다. 천사들이 마리아에게 예수 그리스도의 잉태를 알리는 수태고지受胎告知 부분도 성경과 매우 유사하지요? 예수가 탄생하는 과정도 꾸란에서는 다 인정합니다. 마리아가 묻죠.

"저는 처녀의 몸인데, 남자가 저를 스쳐 가지 아니하였는데, 어찌 아이를 가질 수 있나이까."

천사가 하나님의 명령을 전달합니다.

"있으라 하면 있게 될 것이다."

이처럼 수태고지와 동정녀 마리아를 통한 탄생을 꾸란에서 다 받아

천사 가브리엘이 마리아에게 예수 그리스도의 잉태를 알리는 모습

들입니다. 이게 놀라운 겁니다.

여기 메시아라고 말이 나오죠? 메시아가 논쟁 거리였습니다. 꾸란에서는 구원자로 해석하지 않고 '하나님의 복음을 전하는 자'로 이해합니다. 이런 부분에서 기독교와 해석의 차이가 있습니다. 기독교에서 메시아는 하나님의 아들을 의미합니다. 하나님과 동일한 신성을 가진다는 뜻이죠? 이슬람에서는 다르게 봅니다. 이슬람 율법의 대가인 알 조하니 박사는 이렇게 말합니다.

"하나님의 아들이라는 표현은 예수 자신이 직접 한 말로서는 기독교의 어떤 복음서에도 나타나지 않는다."

예수께선 스스로 하나님의 아들이라고 이야기한 적이 없다는 겁니다. 물론 요즘 책으로 나온 복음서가 아니라 원전을 가지고 분석한 겁니다.

슐레이만 무파씨르라는 학자도 의견을 내놓았습니다. 고대 아람어에서 종servant에 해당하는 삐아스pias, 빠이다paida가 아랍어에서는 굴람ghulam, 즉 소년, 아들, 종의 뜻인데, 성경을 여러 언어로 번역하는 과정에서 오류가 생겼다고 판단합니다. 그러니까 예수님이 스스로 '하나님의 종'이라고 표현을 했는데, 그걸 '하나님의 아들'로 잘못 번역해서 메시아의 개념이 그릇되게 생겨났다는 거죠.

물론 이슬람 학자들이 주장하는 겁니다. 관점이 다르다는 것을 설명하고자 소개해 드렸고요, 옳다 그르다의 문제는 아니라는 걸 이해해 주시기 바랍니다. 결론적으로 이슬람에서는 예수를 하나님의 아들로 보지 않는 거죠. 신격을 인정하지 않는 겁니다. 이런 맥락에서 기독교가 하나님의 아들이라고 말하는 것에 대해 꾸란에서 여러 차례에 걸쳐 질타합니다.

> 저들이 말하기를 자비로우신 하나님께서 아들을 취하셨다 하니 실로 너희는 큰 재난을 가져왔도다.
>
> _ 꾸란 19장 88~89절

> 그런 말 때문에 하늘은 찢어지고 터져 버리며 땅은 갈라지고 산이 조각날 지경인바……..
>
> _ 꾸란 19장 90절

> 자비로우신 하나님께서는 아들을 취할 필요가 없으니……..
>
> _ 꾸란 19장 92절

저들이란 기독교도를 뜻하겠죠? 하나님의 아들이란 생각 때문에 큰 재난이 생겼다는 겁니다. 종교적 관점이 참 많이 다르죠? 이슬람에서는 어떤 면에서든 예수님을 신적인 존재로 인정하지 않습니다. 율법적으로나 신앙적으로나 거부감이 굉장히 강합니다. 다시 말해서 예수님은 '완벽한 인간'이라는 입장을 고수하고 있는 겁니다. 예수가 인간 부친이 없이 출생했지만, 결코 신의 아들이 되거나 신과 같은 존재가 될 수는 없다고 잘라 말합니다.

이것도 좀 모순적으로 느껴지긴 합니다. 수태고지를 통해 동정녀 마리아 몸에서 태어난 건 인정하지만, 신적인 존재로는 인정하지 않는다니 헷갈립니다. 그래서 이슬람에서는 예수를 아담의 경우에 빗대 이야기합니다.

> 하나님 앞에서 예수의 예는 아담의 경우와 같다. 그를 흙으로 창조하시고는 그에게 말씀하시기를 있으라 하니 있게 되었다.
>
> _ 꾸란 3장 59절

하나님께서는 전지전능하시니 모든 걸 다 하신다, 아담도 인간의 힘을 빌리지 않고 흙으로 빚은 것과 마찬가지로 동정녀 마리아의 몸에서 특별한 존재로 예수님을 탄생케 하는 것은 하나님으로서는 아무 어려운 일도 아니라는 뜻에서 예수와 아담을 비교합니다.

십자가는 어떻게 볼까요? 결론적으로 말씀드리면 십자가 처형과 대속, 부활이 부정됩니다. 그런 면에서는 완전히 다르죠? 꾸란에서는 인간의 탄생에 대해 기본적으로 성선설의 입장을 취합니다. 하나님께서 아담을 만드실 때 한 줌의 흙에 영혼을 불어넣어서 생명을 주시고

자기의 속성을 본떠 가장 자기와 닮은 인간을 만드셨죠. 성경과 비슷하죠? 그런데 하와(이브)는 다릅니다.

성경에서는 아담이 잠든 사이에 갈비뼈 하나로 하와를 만들잖아요. 꾸란에서는 또 다른 깨끗한 흙으로 빚어 다시 영혼과 응혈을 넣어 하와를 만듭니다. 이처럼 꾸란에서는 양성 평등입니다. 왜 남자를 먼저 만들었냐고 질문하시면 할 말이 없습니다만, 아담과 똑같은 방식으로 하와인 이브를 만들었습니다. 창조에서의 양성 평등이 이뤄진 거죠. 여성 입장에서 보면 기독교보다 이슬람이 앞서 있다고 볼 수 있겠죠?

원죄에 대해서 이야기해 봅시다. 기독교에서는 아담과 이브가 하나님의 명령을 어기고 선악과를 따 먹죠. 하나님이 크게 노해 생로병사라는 고통을 주시고, 여성에게는 출산의 고통을 더 주시죠. 지울 수 없는 대죄를 지었기 때문에 영원히 회복이 안 되는 겁니다. 그래서 예수 그리스도를 보내 인간의 죄를 대신 사하려고 십자가에서 돌아가시잖아요.

이걸 기독교에서는 대속이라고 합니다. 그리고 3일 만에 부활하셔서 비로소 기독교가 존재하는 근거가 됩니다. 따라서 모든 인간은 예수님을 통하지 않고서는 구원이나 천국의 길에 이를 수 없는 겁니다. 요한복음에 나오는 말씀이 그거잖아요.

내가 곧 길이요 진리요 생명이니 나를 말미암지 않고는 아버지께로 올 자가 없느니라.

_ 요한복음 14장 6절

이게 기독교의 최고의 가치 아닙니까?

그럼 이슬람에서는 왜 원죄를 인정하지 않을까요? 아담과 이브가 하나님의 명령을 어기는 내용은 꾸란에도 다 있습니다. 그걸 해석하는 관점이 다른 겁니다. 하나님의 명령을 어기고 아담과 이브가 금단의 열매를 먹어 큰 죄를 저질렀다는 데까지는 내용이 같습니다. 하지만 저지른 죄를 처리하는 방식이 다릅니다.

'곧 잘못을 깨닫고'라는 표현이 나오는데요, 이 부분이 첫 번째로 중요합니다. 곧 잘못을 깨닫고 하나님께 진심으로 용서를 빌고 회개의 과정을 거쳤다는 게 두 번째입니다. 세 번째는 하나님께서 뉘우침과 회개의 과정을 받아들이고 생로병사와 고통이라는 충분한 대가를 치르게 하셨기 때문에 아담과 이브의 죄는 당대에 소멸됐다고 보는 겁니다. 같은 역사적 사실을 해석하는 방식이 다른 거죠.

왜 소멸됐다고 볼까요? 아담과 이브가 회개의 과정을 거치고 거기에 상응하는 충분한 대가를 치렀음에도 이후 인간이 날 때부터 원죄를 갖고 태어난다면 하나님이 원래 아담을 만드실 때 가졌던 창조 본성에 정면으로 위배된다고 보는 겁니다. 즉 하나님께서 인간을 만드실 때 자기 속성을 그대로 주어서 옥에 티 하나 없는 완벽한 인간을 만드셨는데 아담과 이브의 범죄 때문에 아기가 지울 수 없는 원죄를 지니고 태어난다는 것은 있을 수 없다는 거죠. 그래서 이슬람에서는 인간이 태어날 때는 하나님의 형상을 따라 한 점 티 없는 깨끗한 인간으로 태어난다고 봅니다.

또 인간에게는 다른 동물과 달리 특별한 은총으로 이성과 함께 자율적으로 판단할 수 있는 자유 의지를 주셨다고 봅니다. 꾸란과 경전을 통해 해야 할 것과 하지 말아야 할 것들을 구체적으로 제시했습니다. 인간이 이성과 의지를 가지고 그것을 지켜 가는 과정을 가브리엘이나 미카엘 같은 천사들이 일일이 기록해서 최후의 심판 날에 하나님 앞에서 공개한다는 겁니다. 그때 한 사람이 쌓은 선업과 악업의 무게를 저울에 달아 선을 많이 쌓은 자는 천국에 들어가 영원한 구원을 얻고, 그렇지 못한 사람은 불지옥에 떨어져 고통을 받는다고 믿습니다.

이처럼 이슬람에서는 구원의 방식을 아주 단순화시켰습니다. 예수 그리스도라는 중재자 없이 신과 인간이 직접 소통하는 방식을 제시합니다. 기독교에서는 예수 그리스도를 통해서만 구원받을 수 있다는 대속 중재자가 있잖아요. 이슬람에서는 중재자 없이 신과 인간 간의 직접적인 거래로 구원이 결정됩니다. 훨씬 단순합니다.

삼위일체 교리는 신앙적으로는 믿어도 이성적으로 이해하기에 결코 쉽지 않습니다. 셋이면서 하나고, 하나면서 셋이라는 게 보통 어려운 게 아닙니다. 그런데 이슬람은 이렇게 말하는 거죠.

"하나님께서 널 예뻐하셔. 해야 할 것과 하지 말아야 할 것 다 가르쳐 주셨으니 열심히 착한 일을 하면서 살아야 돼. 만약 착한 일을 하지 않고 나쁘게 살면 심판의 날에 불지옥에 떨어져서 영원한 고통을 당해."

얼마나 쉽고 간단해요. 이것이 비교적 민도가 낮은 제3세계에서 이슬람이 퍼져 가는 하나의 배경일지도 모릅니다.

예수의 십자가 사건에 대해서 꾸란은 이렇게 이야기합니다.

> 그들의 말은 우리가 하나님의 사도, 마리아의 아들 예수 메시아를 죽였노라 하는 것이지만, 그들은 그를 죽이지 않았고, 십자가에 그를 매달지도 않았도다. 그들에게는 비슷한 자가 있었을 따름이다.
>
> _ 꾸란 4장 157절

꾸란이란 게 쉽지 않습니다. 600년경에 만들어졌기 때문에 분명하게 묘사된 것보다는 비유적인 내용들이 많기 때문입니다. 앞의 이야기를 이어 봅시다. 아담과 이브가 죗값을 다 치렀기 때문에 인간의 원죄를 대속할 중재자가 필요 없게 됐지요? 자연스럽게 십자가 처형도 필요 없게 됐습니다. 이슬람에서 십자가 처형을 인정하지 않는 이유입니다.

그런데 예수께서 십자가 처형을 받았다는 것은 모든 책에 나오거든요. 성경 이외에 구전이나 유대 전승에서도 십자가 이야기는 많이 나와요. 역사적으로 십자가 처형이 있었다는 것은 모든 학자들이 인정합니다. 이슬람도 역사적으로 그런 사건이 있었다는 것을 인정합니다만, 그 십자가에 매달렸던 사람은 예수가 아니라 비슷한 사람이었다고 말합니다.

후대 이슬람 학자들은 이 구절에 근거해서 하나님의 권능으로 예수가 아닌 예수와 닮은 자가 형장에 끌려갔다고 주장합니다. 꾸란에서는 굉장히 애매하게 표현했죠. 분명한 것은 이슬람에서는 예수의 십자가 처형을 인정하지 않는다는 겁니다. 그러니 3일 만에 부활하는 기적을 보일 필요도 없어졌습니다. 원죄와 십자가 처형, 부활이 부정됨으로써 기독교와 이슬람 두 종교가 완전히 다른 길을 가게 됩니다. 두 종교가 서로를 이단시하게 되는 이유가 바로 여기에 있습니다.

예수님의 죽음에 대해 꾸란은 특별히 기록하지 않습니다. 다만 '하나님에 의해 하늘로 들려 올라갔다'라고 기록되어 있습니다. 하나님은 전지전능하시기 때문에 얼마든지 가능한 일이죠. 무함마드도 예루살렘에서 들려 올라가서 하나님과 예수, 모세를 보고 오지 않았습니까?

십자가 위에서 처형당한 예수의 그림을 보면 무슬림들은 어떤 생각을 할까요? 우리와는 참 다른 생각을 하겠죠? 무슬림들은 그 그림을 기독교가 왜곡된 전형으로 생각합니다. 우리는 종교가 달라도 예수가 인류의 위대한 스승이구나 하는 정도는 받아들이잖아요. 이처럼 같은 대상을 보더라도 전혀 다른 생각을 할 수 있습니다.

🕌 이슬람과 기독교의 구원관

기독교와 이슬람의 구원관을 정리해 보겠습니다. 기독교는 인간 구원이 하나님과의 근원적인 화해에 있으며, 원죄 속에 있는 인간을 구할 수 있는 오직 한 길은 중보자 예수 그리스도를 통해서만 가능하다고 봅니다.

반면 이슬람은 죄 지은 자가 직접 회개를 통해 하나님께 용서를 구하고 유일신 하나님께 귀의함으로써 구원을 얻는다고 가르칩니다. 이게 무슨 말이냐면, 자기의 선행과 악행은 오로지 하나님만이 아신다는 겁니다. 모든 자기 행위는 오로지 하나님에게만 책임을 집니다. 그래서 남에게 잘 보이기 위한 종교 활동이 없습니다.

성직자 계급이 있고, 출석을 매기면 그들에게라도 잘 보이기 위한 활동들이 있을 텐데, 내가 예배 보고 안 보고, 좋은 일을 하고 안 하고는 하나님이 다 아시고 최후의 심판에서 판단하신다는 믿음이 있습니다. 때문에 여기에서 극도의 자율성이 나옵니다. 성직자도 없고 교황청도 없잖아요. 오로지 신과 자기 둘의 계약입니다.

무슬림들은 하루 다섯 번씩 예배를 봅니다. 그것은 신과 자기가 약속하는 겁니다. 아침에 해 뜨기 한 시간 반 전에 일어나서 오늘 하루 당신의 뜻에 따라서 빗나가지 않고 참된 길을 걷겠습니다. 하나님께서 저와 함께 하셔서 도와주십시오 기도하고 하루를 시작합니다.

두 번째 예배는 12시에서 1시 사이에 합니다. 한참 일할 시간입니다. 그때 잠깐 예배를 드리면서 자기를 되돌아봅니다. 혹시 내가 악과 결탁하거나 참된 길에서 벗어나지 않았나 스스로를 되돌아봅니다.

세 번째 예배는 3시에서 4시 사이에 합니다. 그때도 자기를 점검하는 시간입니다.

네 번째 예배는 일몰 시간에 맞춰서 이뤄집니다. 하루가 끝나는 시간입니다. 오늘도 무사히 신의 뜻에 따라 잘 지냈으니 감사합니다 하고 마무리합니다.

마지막 다섯 번째 예배가 잠자기 전에 있습니다. 취침 예배죠. 충분한 숙면을 주셔서 내일 하루도 건강하게 시작할 수 있게 해 달라고 기도합니다.

이렇게 보면 이슬람은 철저하게 예방 성격의 종교입니다. 다른 서구 사회에 비해 이슬람 사회에서 범죄가 현저히 낮은 이유가 이것입니다. 우리 경우는 어떻습니까? 다 그런 것은 아니겠습니다만, 평소에는 하나님을 다 잊어버리잖아요. 그리고 일요일에 교회 가서 하는 기도 대부분이 잘못한 것에 대해 용서를 빌고 회개하는 거잖아요. 그것도 모자라 기복도 하죠. 아픈 데 낫게 해 주세요, 내 자녀 시험에 붙게 해 주세요, 우리 남편 승진하게 해 주세요, 사업 잘 돼서 돈 잘 벌게 해 주세요. 요구 조건이 참 많죠?

즉 이슬람은 일상 속에서 신과의 대화를 통해 잘못을 예방하는 종교라고 할 수 있습니다. 인류학자로서 참 놀라운 것 하나는 지금 우리가 21세기 최첨단 시대를 살아가고 있는데, 610년에 만들어진 하루 다섯 번 예배 보는 원칙이 오늘날까지 지켜지고 있다는 사실입니다.

지금 시대가 어떤 시댑니까? 분초를 다투는 시대잖아요. 달나라와 화성까지 이미 갔다 왔고요. 이 초스피드 시대에 하루 다섯 번씩 매일 예배를 보면 이를 줄이자는 사회적 논의가 일어날 만하잖아요. 하루에 하나님을 한 번만 만나면 되지 꼭 다섯 번을 만나야 옳은 일인가? 기독교처럼 일주일에 한 번 모여서 예배드리면 되지 하는 개혁적인 논의가 있을 법도 하잖아요.

이슬람 인구가 16억 명이면 그중에는 보수적인 단체도 있겠지만 진보적인 단체도 있겠죠? 그런 데선 이런 의제를 제시할 법도 하잖아요. 그런데 아직까지 그 어떤 이슬람 세계에서도 하루 다섯 번 예배 보는 것을 줄이자, 혹은 모아서 보자 등의 논의조차 일어나지 않고 있습니다.

이게 뭘까요? 그럼 이슬람 신자 모두가 광신적 보수 '꼴통'인가? 예배 안 보는 사람도 많을 텐데, 그렇죠? 이 주제를 한 번쯤은 고민해 볼 필요가 있습니다.

예수와 무함마드 두 분은 모두 승천했습니다. 이런 구절이 있습니다.

> 유일신께서 가라사대 예수야! 내가 너를 불러 내게로 올라오게 하여 너에
> 게 비신자들을 치우게 할 것이고 너를 따르는 자들을 부활의 그날까지 비
> 신자들의 위에 있게 하리라.
>
> _ 꾸란 3장 55절

비신자를 치운다는 말은 벌하게 한다는 말입니다. '내게로 올라오
게 한다'라는 말은 영혼의 승천으로 보긴 합니다만, 육체적 승천과는
별개로 생각합니다. 이슬람은 예수의 신성을 인정하지 않습니다만,
여기서 보시다시피 하나님께서도 예수를 매우 높게 평가합니다. 하늘
로 들어 올리셔서 하나님이 하시고자 하는 일의 한 부분을 맡기신 겁
니다. 이슬람에서도 예수를 존경할 수밖에 없는 구절이 바로 이것입
니다.

무함마드가 승천한 곳은 예루살렘입니다. 꿈의 예언을 하는 거죠.
영적인 여행을 하는 겁니다. 이때 하나님과 오른쪽에 있는 예수, 왼쪽
에 있는 모세를 만나고, 이슬람이란 종교를 확정받아서 내려옵니다.
초창기 모든 무슬림들은 그래서 예루살렘을 향해 예배를 봤습니다.
나중에 계시가 내려와서 메카로 예배 방향이 바뀐 겁니다.

🕌 메카 계시와 메디나 계시

꾸란에는 메카 계시와 메디나 계시가 있습니다. 메카 계시는 굉장히 형이상학적입니다. 하나님이 직접 내려 주는 계시라서 그렇습니다. 반면 메디나 계시는 훨씬 구체적입니다. 메디나에서는 무함마드가 공동체를 형성해서 국가 수장 역할을 했습니다. 이때 무함마드는 해결하기 어려운 모든 사회적 문제에 부닥칩니다. 그 때문에 무함마드가 신에게 간절히 '이 문제를 어떻게 해결했으면 좋겠습니까' 하고 기도합니다. 여기에 응답으로 내려온 계시가 메디나 계시입니다.

예를 들어 일부다처 문제도 메디나에서 응답으로 받은 계시입니다. 메디나 정착 초기에 메카와 바드르(624년)와 우후드(625년) 등 몇 차례 치열한 전투가 있었습니다. 어렵게 승리했습니다만, 피해 또한 막대해서 거의 전멸하다시피 했습니다. 전쟁 후유증으로 고아와 과부가 우글우글할 때 이 사회적 위기를 어떻게 극복해야 할지 몰라 하나님께 간절한 기도를 올립니다. 거기에 하나님이 가브리엘 천사를 통해서 응답합니다.

아내를 네 사람까지 취하는 것을 허락하노라. 하나, 둘, 셋, 넷까지니라.

이렇게 아주 구체적으로 내려옵니다.

> 그러나 그 아내들을 공평하게 대해 줄 자신이 없다면 하나로 족하다.

능력 있고 여유가 있는 사람들은 아내를 4명까지 둬서 보호하라는 겁니다. 그러나 넷은 넘지 말라고 분명하게 말합니다. 왜 4명이었을까요? 그건 아마 당시에 남자 하나가 4명 정도를 아내로 맞아야 공동체가 유지될 수 있었기 때문은 아니었을까요? 왜냐하면 전사들이 많이 죽었잖아요. 여성들이 생산 활동에 참여할 수 있는 기회가 원천적으로 봉쇄된 상태에서 가장이나 남자 없이 자녀들과 살아간다는 건 죽음과 동의어였습니다. 그 상태를 내버려 두면 공동체 유지가 안 됩니다.

국가 수장으로서 해결책을 내놓아야 하는 거죠. 이처럼 메디나 계시는 현실적인 내용이 많습니다.

예배 방향을 왜 예루살렘에서 메카로 바꿨는지에 대해서도 공동체 유지와 관련해 비슷한 맥락이 있을 것 같습니다. 예루살렘도 무슬림들에게는 상당히 중요한 성지로 의미가 있습니다. 예루살렘이 세 종교의 성지가 된 것도, 서로 차지하려고 다툼을 하는 이유도 여기에 있습니다. 첫 번째 성지는 메카고, 두 번째 성지는 이슬람 공동체를 시작한 메디나이고, 세 번째 성지는 무함마드가 승천해서 하나님을 만나고 이슬람이란 종교를 확정받아 내려온 예루살렘입니다.

무함마드가 승천했다가 내려온 곳에 황금색 돔이 세워져 있습니다. 영어로는 '바위 위의 돔Dome on the rock'이라고 부릅니다. 실제로 안에

'바위 위의 돔'이라고 불리는 알 악사 모스크

바위가 있는데, 그 바위가 바로 아브라함이 아들 이삭을 번제로 바쳤던 바위입니다. 아브라함은 유대교, 기독교, 이슬람교가 모두 공통으로 섬기는 조상이죠? 이 성지가 세 종교에 모두 해당됩니다.

구약과 꾸란이 어떻게 다를까요? 미세한 해석의 차이가 있습니다. 예를 들면 이런 겁니다. 구약에서는 아브라함이 자기 아들 이삭을 번제로 바치잖아요. 꾸란에서는 누구를 번제로 바칠까요? 이스마엘을 번제로 바칩니다. 아브라함이 자식이 없었죠. 본처 사라에게 태기가 없으니까 몸종인 하갈과 결혼해서 자식을 낳은 게 이스마엘이죠.

이스마엘 나이가 열세 살이 됐을 때 아브라함의 나이가 백 살이었습니다. 그때 간절한 기도로 본처 사라에게 태기가 있어 자식을 낳으니 그게 이삭이었고, 이삭이 유대인의 조상이 되고, 그 자손에게서 예수가 납니다. 하갈의 아들 이스마엘은 아랍인의 조상이 되고, 그 자손에서 무함마드가 나지요. 이처럼 꾸란과 구약이 모두 아브라함을 공동 조상으로 하는 겁니다. 다만 갈래가 서로 다르죠.

기독교에서는 이삭을 적자의 개념으로 봅니다. 이삭이 적통이라는 거죠. 이슬람에서는 이스마엘을 장자의 개념으로 봅니다. 그 당시에는 일부다처 사회였기 때문에 사실상 서자와 적자의 개념이 없었습니다. 인류학적으로 보면 그렇습니다. 첫 번째로 낳은 자식이 이스마엘이었기 때문에 그를 적통으로 보는 게 이슬람입니다. 그래서 번제를 바치는 상징적인 사건의 주인공이 구약에서는 이삭이지만, 꾸란에서는 이스마엘로 바뀌어 있는 겁니다. 다 자기중심적으로 해석하는 거죠.

다음으로 큰 문제는 이슬람에서 예수의 재림을 어떻게 보느냐 하는 문제입니다. 꾸란에는 이렇게 쓰여 있습니다.

> 성전(경전)의 추종자 가운데서 그가 죽기 전에 그를 믿지 아니한 자가 없었으며 그가 심판의 날 그들에 대해서 증인이 됨을 믿지 아니한 자 없으리라.
>
> _ 꾸란 4장 159절

최후 심판의 날에 예수께서 재림하셔서 능히 죄를 변호해 주리라, 이렇게 믿는 겁니다. 예수께서 완전히 사라진 게 아니라 최후 심판의 날이 도래하면 다시 나타나셔서 인간의 기록을 보고 이 사람이 좋은 사람이다 아니다를 변호할 증인으로 오신다는 겁니다. 기독교에서 이야기하는 재림과 꾸란에서 이야기하는 재림이 조금 다릅니다. 하지만 심판의 날에 다시 오셔서 우리의 죄에 대해 적극적으로 변호해 주신다는 신앙을 이슬람에서도 따르고 있는 겁니다. 그런데 더 놀라운 것은 무함마드가 재림한다는 이야기는 없습니다.

무함마드에 대한 애착과 존경이 절대적으로 크지만, 재림에 대해서는 예수의 특별한 역할을 인정합니다. 이슬람에서도 예수를 신으로만 모시지 않았지 하나님이 인간에게 줄 수 있는 모든 영광을 주셨다고 인정합니다. 정말 놀랄 정도로 높은 점수를 주고 있는 겁니다.

그럼 예수의 역할이 무함마드보다 크지 않냐고 반문할 수 있겠죠? 그건 또 아닙니다. 그 사람들이 가지고 있는 신뢰의 크기는 비교가 안 될 정도로 무함마드가 큽니다. 그러나 예수님도 상당히 높은 자리에 두고 있다는 걸 알고 계셔야 합니다. 이 점이 기독교에서 이슬람을 바라보는 관점과 이슬람에서 기독교를 바라보는 관점이 다른 핵심 요소입니다.

혹 여러분이 중동 여행을 하실 때, "I am Christian!"이라고 밝히면 테러리스트들의 표적이 되지 않을까 걱정이 되시지요? 아무 종교가 없다는 표현보다는 훨씬 신뢰를 얻을 수 있습니다. 아랍 사람들은 종교를 갖고 있지 않는다는 것을 쉽게 이해하지 못합니다. 인간의 틀을 깨고 무슨 짓이든지 할 수 있는 야만이나 비윤리성의 위험 요소로 보는 거지요. 지금도 사우디아라비아 입국 비자의 종교란에 '종교 없음'

이라고 쓰면 발급 제한을 당한다고 들었습니다. '기독교'로 쓰면 오히려 빨리 발급해 주겠지요.

🕌 수니와 시아

무함마드가 파티마란 딸 하나만 낳고 죽었다고 했죠. 아랍은 가부장제 사회니까 후계자를 세워야 합니다. 이때 유일한 혈통으로 알리가 있었습니다. 사촌동생인 알리가 파티마와 결혼하니 예언자 무함마드의 사위가 됩니다. 많은 사람들이 알리가 후계자가 되는 게 맞다고 생각했습니다. 그러나 후계자가 못 됩니다.

후계자를 칼리프라고 불렀는데요, 칼리프는 종교적인 최고 위치와 세속적인 통치권을 결합한 초월적인 카리스마를 가졌습니다. 정교일치의 수장이 되는 겁니다. 그런데 칼리프직에서 알리가 배제됩니다. 초대 아부 바크르, 2대 오마르, 3대 오스만이 모두 무함마드와 서로의 딸을 시집보낸 사이들입니다. 동맹 중에 동맹입니다.

알리는 656년에 4대 칼리프가 됩니다. 무함마드가 죽고 나서 24년이 지난 뒤니까 알리도 제법 나이가 들었을 겁니다. 그러나 661년에 칼리프가 된 지 5년도 안 돼서 반대파에 의해 무참하게 살해당합니다. 무함마드와 알리를 추종했던 사람들은 공황 상태에 빠지겠죠? 네 번째로 칼리프가 된 것도 억울한데, 감히 무함마드의 유일한 직계 혈통인 알리를 죽이다니요. 이 사람들과는 같은 종교를 못하겠다고 생각합니다.

그때 알리를 추종했던 사람들이 지금의 바그다드로 이주해 갑니다. 이게 시아파가 됩니다. 시아파를 직역하면 '떨어져 나간 무리'라는 뜻입니다. 메카에 남아 있던 사람들은 우리는 잔존파다, 우리가 주류다, 정통이다 이렇게 말하죠. 이들이 수니파가 됩니다. 따라서 수니와 시아는 교리 논쟁에 따라 나뉜 종파라기보다는 정치적 이해관계를 달리 하는 정파에 가깝습니다. 지금은 종교적으로도 많이 달라졌기 때문에 종파라 해도 무난하지만, 배경은 정파였습니다.

수니와 시아가 결정적으로 등을 돌리게 된 사건이 또 생깁니다.

알리에게 두 아들이 있었습니다. 핫산과 후세인이었습니다. 이 둘은 메카에 남아 있었습니다. 그런데 핫산은 독살당해서 죽습니다. 정확한 사인은 미스터리로 남아 있지만, 학계에선 독살을 정설로 여깁니다. 아버지가 죽었으니 아들이 복수하겠죠? 그걸 두려워해서 핫산을 독살한 것 같습니다. 그럼 둘째 아들 후세인도 살아날 가능성이 별로 없잖아요. 그래서 바그다드에 정착한 알리의 추종자들이 후세인을 초대합니다. 메카에 있으면 위험해 우리가 보호해 주겠으니 안전한 곳으로 오라는 거였죠.

후세인도 위협을 느꼈겠죠? 그래서 무리를 이끌고 후원자가 있는 바그다드로 떠납니다. 한편 반대파들도 그 정보를 입수하고 추격에

나섭니다. 반대파들은 바
그다드 인근 카르발라에
매복해 있다가 후세인 일
행을 완전히 멸절시킵니
다. 이게 바로 680년 카
르발라 전투입니다.

수니파와 시아파의 카르발라 전투

　이제 알리의 차남까지
죽잖아요. 시아파 사람들은 알리에 대한 죽음보다도 차남 후세인에
대한 애통함이 훨씬 큽니다. 그래서 항상 가슴을 치면서 후세인을 외
칩니다. 이맘 후세인이죠. 그때부터 시아파가 굉장히 과격해지고 애
절한 문화가 형성됩니다. 감성에 호소하는 메시지가 강합니다.

　사건은 이슬람력으로 무하람인 1월 10일에 일어났습니다. 만일 시
아파가 후세인을 오라고 하지 않았다면 살아날 수도 있었겠죠? 괜
히 오라고 해서 코앞에서 난도질을 당했고, 그때 자신들이 도와주지
도 못했다는 안타까움이 시아파 신도들의 가슴에 사무친 한으로 남
아 있는 겁니다. 그래서 이슬람력으로 1월 10일이 되면 모든 시아파
남자들이 거리로 나와서 후세인의 참상을 직접 체험하고자 칼로 자
기 몸을 난자하는 행사를 벌입니다. 온몸이 피투성이가 되도록 채찍
과 가시로 자기 몸을 때립니다. 1주일 동안 합니다. 후세인을 애도하
는 축제입니다.

카르발라의 이맘 후세인 모스크

이 광경이 굉장히 끔찍합니다. 그러니 세계 인권 단체에서 얼마나 압박했겠어요. 현재는 법으로 금지했습니다. 그래서 요즘에는 피가 안 나는 플라스틱 방망이 같은 걸로 자기 몸을 때립니다. 피는 안 나지만 내상은 더 큽니다. 건강상으로 보면 이게 더 나쁘다고 합니다. 피가 나는 건 아물면 그만인데 뼈가 으스러지고 내부 조직이 파괴되다 보니 이 또한 심각한 사회 논쟁이 되고 있습니다. 하지만 지금도 이 풍습은 이어지고 있습니다.

그래서 이라크가 시아파의 중심이 됐습니다. 모든 시아파 성지가 이라크에 있습니다. 제일 큰 성지가 카르발라입니다. 8년간 이란과 이라크가 전쟁을 할 때도 사담 후세인 정권은 이란 사람들이 이라크의 카르발라 성지를 순례하는 것을 허용해 줬습니다. 이것까지 막으면 그 원망이 쌓여 무슨 일이 벌어질지 모릅니다. 차라리 숨통을 틔워 주는 게 낫다 싶어서 길을 열어 준 겁니다.

당시 주류가 알리를 배척한 이유는 상당히 복잡합니다. 2대 칼리프 오마르와 3대 칼리프 오스만도 살해당했습니다. 아랍은 기본적으로 철저한 권력 분점 시스템입니다. 사우디 왕정이 지금까지 유지되는 것도 권력 분점이 철저하게 이뤄지기 때문입니다. 왕이 독재를 하는 것 같아도 철저히 권력을 나눠서 국정이 굴러갑니다. 그래서 사우디 장관들은 평균 30년씩 장관을 합니다. 내무 장관을 하다가 죽으면 그 아들이 내무 장관을 합니다. 국방 장관도 마찬가집니다. 대를 이어

이맘 후세인의 순교를 추모하기 위해 이맘 후세인 모스크로 모여드는 시아파 신도들

서 합니다. 철저한 권력 분점 시스템이라서 그렇습니다.

아랍 부족은 무언가를 결정할 때 만장일치제로 합니다. 그런데 만장일치로는 의견이 모아지지 않잖아요. 민주주의의 가장 큰 약점은 51%가 49%를 버릴 수 있다는 거 아닙니까? 반면 만장일치로 합의를 이루려면 어떡해야 하나요? 상대방에게 적당하게 양보해 주지 않으면 결코 동의하지 않잖아요. 끊임없이 절충할 수밖에 없습니다. 그 과정에서 권력의 분점이 이뤄집니다. 그만큼은 보장해 줘야 합니다. 이걸 깨트리면 처절한 복수와 응징이 뒤따릅니다.

오마르와 오스만 칼리프는 그러한 권력 분점 체제를 깨트려서 반대파의 복수에 희생됩니다. 오마르와 오스만을 죽였던 파들이 있겠죠? 하지만 내 편이냐, 네 편이냐에 따라 처리 방식이 달라지잖아요. 그 처리 방식을 두고 논란이 벌어집니다. 이때 알리가 상당히 온건한 입장을 취합니다. 오스만 살해자에 대해 가혹한 처리를 주장하는 부족들 입장에서 볼 때 알리는 매우 애매모호한 입장을 취한 겁니다. 때문에 이래선 안 된다 싶어서 알리를 죽인 겁니다. 예언자의 혈통이고 뭐고 자기 부족의 몫을 빼앗긴다는 것을 못 견디는 것입니다. 이런 배경이 작용했습니다.

원래 이라크가 시아파의 중심입니다. 그런데 지금 시아파라고 하면 다들 이란을 생각하시죠? 이란의 이슬람은 역사가 얼마 안 됩니다.

16세기에 시작됐으니 한 500년 역사밖에 안 됩니다. 오스만 튀르크 때 이란은 사파비 왕조가 지배합니다. 이 왕조가 시아파 이슬람을 국교로 받아들입니다. 그래서 국민 전체가 시아파가 된 겁니다. 시아파의 정통은 이라크입니다.

그런데 이라크는 소수파인 수니파의 사담 후세인이 오랫동안 통치해 왔죠. 미국이 이라크 전쟁에서 소수파인 사담 후세인을 몰아내고 다수파인 시아파에게 정권을 쥐어 줍니다. 비록 소수지만 수니파가 오랫동안 이라크 지역을 지배해 왔는데 미국 때문에 쫓겨났으니 가만히 있겠습니까? 미국이 여기서 정세 판단을 잘못한 겁니다. 앞에서 배운 것처럼 아랍 사회에서는 소수파라 하더라도 거기에 걸맞은 권력을 줘야 합니다. 이게 전통입니다.

그런데 미국 사람들이 그걸 알았나요? 미국식 민주주의는 51%가 49%를 무시해도 크게 문제되지 않잖아요. 미국은 사담 후세인의 수니파를 완전히 박살 내 제로 상태로 만들었습니다. 그리고 60%가 100을 다 차지하게 만들었습니다. 그 결과가 오늘날 IS로 나타난 겁니다. 쫓겨났던 사담 후세인의 군경 세력들이 모두 IS에 붙었습니다. 나머지 시아파 이라크는 기존 군경 하나 없이 모두 새롭게 모았기 때문에 민병대 수준입니다. 오합지졸인 겁니다.

지금 IS 군대의 최고 사령관이 사담 후세인 시절 '투 스타' 출신입니다. 우리나라 군대로는 소장입니다. 이라크 군경의 모든 전략과 무기가 IS에 들어가 있습니다. 그래서 이라크군이 IS와 붙으면 백전백패할 수밖에 없는 겁니다.

오늘날 IS를 이해하려면 이와 같은 역사적 배경을 이해해야 합니다. 미국이 이 부분을 공부하지 않아서 실패한 겁니다. 한 나라를 지배하려면 그 나라의 역사와 문화, 문학에 대한 지식을 가지고 가야 합니다. 군사력만 믿고 가다가는 실패할 수밖에 없습니다.

아프가니스탄도 마찬가지 아닙니까? 현재 시아파가 다수인 국가는 이란, 이라크, 바레

이라크 전쟁 전범 재판에 회부되어 사형당한 이라크 전 대통령 사담 후세인

인, 이렇게 세 나라입니다. 전체 무슬림들의 10% 정도입니다. 나머지 90%는 수니입니다. 정권 차원에서 시아파를 받아들인 건 9세기 이집트의 파티마 왕조가 처음입니다. 알 아즈하르 대학이 이때 설립됩니다. 이란에서는 16세기 사파비 왕조 때 받아들였다고 말씀드렸죠?

시아와 수니의 차이점을 이해하려면 이맘을 이야기하지 않을 수 없습니다. 수니의 이맘과 시아의 이맘이 완전히 다릅니다. 수니에서는

이맘이 큰 의미가 없습니다. 성직 자체도 없다고 했잖아요. 수니파에서는 모스크에서 예배를 인도하는 사람을 이맘이라고 합니다. 그래서 만 스무 살이 되면 모두가 이맘이 될 수 있습니다. 그렇다고 예배를 서로 인도하려고 경쟁하면 곤란하겠죠? 그러면 어떻게 이맘을 정할까요? 그날 예배를 보러 온 사람 중에서 비교적 나이가 많고 이슬람 지식이 많은 사람이 회중 앞에 나와서 예배를 인도하면 그날 이맘이 되는 겁니다. 그러니 이맘은 자기 직업을 따로 가지고 있는 거죠.

하루 다섯 번의 예배 중 금요일 두 번째 낮 예배는 반드시 모스크에 모여서 드립니다. 집단 예배죠. 이때 이맘이 예배 중에 설교를 합니다. 공동체 전체가 모이니까 그중 학식이 제일 높은 사람이 이맘을 하면서 강론을 합니다. 이때 정치적 이슈에 대해서도, 구체적인 삶에 대해서도 종교적으로 해석을 해 주고 방향을 제시합니다. 그러니 이맘의 말에 따라서 공동체 전체가 움직이게 되겠죠? 여론 형성에 있어 키를 가지고 있는 겁니다.

아랍의 독재 정권 입장에선 어떻겠습니까? 이맘이 삐딱한 소리를 하면 여론이 급격하게 나빠지겠죠? 이걸 통제하고 싶겠죠? 그래서 지금은 웬만하면 국가에서 이맘에게 월급을 줍니다. 성직자가 없는 이슬람에서 월급을 받는 이맘들이 생긴 겁니다. 신학대학을 졸업하면 월급을 주면서 여기저기 모스크로 보냅니다. 정치가 종교를 통제하는 거죠. 이제 수니파에서는 이맘이 직업처럼 됐습니다. 분명히 성직자가 없다고 했는데, 지금 가 보면 모스크마다 이맘이 있으니 오해가 생길 만하죠.

반면 시아파에서 이맘은 하나님의 대리인입니다. 완전히 다릅니다. 그리고 시아파에는 성직자가 있습니다. 이맘은 누군가? 무함마드의 혈통을 받은 사람을 이맘이라고 합니다. 첫 번째 이맘이 누구죠? 알리입니다. 두 번째가 그의 아들 후세인 그리고 그 혈통들이 다음 이맘으로 대를 이어 내려옵니다. 그렇게 열두 이맘까지 왔습니다.

12명의 이맘에 대한 족보들이 다 있습니다. 마지막 이맘은 868년에 사라졌습니다. 그런데 후계자 없이 사라진 겁니다. 죽었겠죠? 시신이 어디 있는지 모릅니다. 무덤도 없습니다. 11명까지는 무덤이 있습니다. 그래서 시아파들은 이맘이 죽지 않고 사라졌다고 말합니다. 은둔했다고 말합니다. 그리고 언젠가 재림하여 구원하러 올 것이라고 말합니다. 기독교적인 메시아 사상과 유사합니다. 시아파는 메시아를 기다리고 있는데, 이를 '마흐디'라고 부릅니다. 시아파에서는 열두 번째 뒤로는 아무도 이맘이란 말을 못 씁니다.

그런데 20세기에 들어 1979년 이슬람 혁명을 주도한 호메이니에게만은 이맘을 붙입니다. 지금 이란의 최고 지도자가 하메네이인데, 그에게는 이맘을 붙이지 않습니다. 그냥 아야톨라 하메네이, 최고 지도자 하메네이라고 부릅니다. 팔레비 왕조 때 국민들이 그렇게 고통받고 힘들어 할 때 호메이니가 나타나서 새로운 세상을 열어 준 겁니다. 자기들이 꿈에도 그리던 마흐디 재림자 메시아가 혹시 저분이 아닐까? 사람들이 몰려들고 어느 순간 누군가가 외쳤습니다.

이슬람 혁명을 주도해 성공으로 이끈 이맘 호메이니(오른쪽)

"저분이 우리의 이맘일 것이다."

그래서 호메이니 앞에 이맘이 붙게 됩니다.

그 덕분인지 호메이니가 이슬람 혁명에 성공하고 세상을 바꿔 놓습니다. 오늘날 이란이 존재하게 된 출발점이 호메이니입니다. 종교적으로는 이맘이 될 수 없지만, 모든 사람들이 이름 앞에 이맘을 붙여 부르면서 지금까지 하나의 레토릭으로 남아 있는 겁니다. 이란에 가서 그냥 호메이니라고 불렀다가는 큰일 납니다. 이맘을 붙이는 것과 붙이지 않는 것은 하늘과 땅 차이입니다.

시아파의 최고 성지는 카르발라입니다. 후세인이 죽었던 자리입니다. 그 시신을 모신 곳이 최고 성지입니다. 이슬람 전체의 최고 성지는 메카이고, 시아파의 최고 성지는 이라크 카르발라입니다.

제4강

이슬람에서 여성으로 산다는 것

Islam

이슬람 여성이라고 하면 차도르
를 쓰고 눈만 내놓고 사는 자유롭
지 못한 모습을 떠올린다. 이번 강의
에서는 율법과 고정관념에서 벗어나 다
양한 모습으로 살아가는 이슬람 여성들을 살
펴본다. 그리고 이슬람에서 행해지는 여성 할례와 명예살
인, 일부다처와 성 문화 등을 살펴본다.

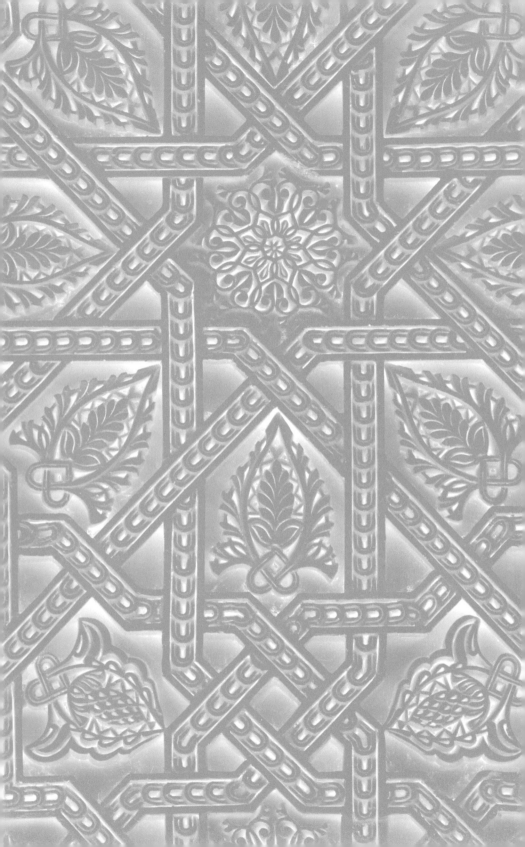

전 세계 이슬람 인구가 대략 16억 명입니다. 나라 숫자로는 57개국입니다. 16억 인구 중에서 차도르를 쓰고 얼굴까지 가리는 부르카나 니캅을 입은 채 눈만 내놓고 사는 여자들이 얼마나 될까요? 퍼센티지로 하면 얼마정도일까요? 10%면 1억 6천 만 명, 2%면 3,200만 명인데 2%가 될까요, 안 될까요? 절대적으로 안 됩니다. 그건 분명합니다.

그런데도 이런 모습이 이슬람 여성의 대표적인 모습인 것처럼 우리 머리에 각인되어 있잖아요. 그럼 나머지 98%의 이슬람 여성들은 어떤 모습일까요? 이런 의문에서부터 오늘 강의를 출발해 봅시다.

이슬람 사람들도 우리와 마찬가지로 서구식 결혼식을 합니다. 남자는 양복을 입고 여자는 하얀 드레스를 입습니다. 우리는 어떻습니까? 99% 이상이 예식장에서 결혼하지요? 서구식 결혼식 아닙니까? 그게 좀 부족하다고느껴지니까 우리 식을 가미해서 폐백이란 것을 합니다. 우리 것을 약간 절충한 겁니다. 옛날엔 우리도 전통 결혼식을 했겠죠?

그럼 이슬람 사람들은 서구식 결혼을 할까요, 전통 결혼식을 할까요? 우리는 변했는데 왜 그 사람들은 변하지 말아야 하나요? 우리처럼 99%가 서구식 결혼을 합니다. 다만 신랑은 양복을 입되 모자를 써서 무슬림이라는 자기 정체성을 표현하고, 신부는 드레스의 노출을 좀 줄이는 정도입니다. 우리는 가슴과 어깨를 많이 드러내는 편이지만, 이슬람 지역에서는 소매까지 길게 입습니다. 아무래도 보수적인 사회니까 그렇습니다. 그러나 대부분은 서구식입니다. 우리의 폐백만큼 그쪽에서도 자기 정체성을 약간 지키는 정도입니다.

우리는 과연 어디에 초점을 맞춰서 무엇을 보고 그 사회와 사람과 문화를 이해해야 할까요? 우리는 어떤 모습을 보고 그 사회의 실체라고 규정해야 할까요? 어느 사회든지 순기능과 역기능이 공존하면서 사회가 발전해 가지 않습니까?

이슬람 여성들은 하루 종일 집에 틀어박혀 있을 것 같지요? 그렇지 않습니다. 시장에 가면 여성들이 더 많이 있습니다. 우리와 마찬가지입니다. 많은 이슬람 사회에서는 여성들이 시장 경제를 압도적으로 주도하고 있습니다. 열심히 살아가려는 생존의 움직임들입니다.

여성의 몸을 가장 많이 가리는 부르카나 니캅도 종류가 다양합니다. 사우디 같은 곳은 검정색을 씁니다만, 리비아나 알제리 같은 곳은 흰색을 입기도 합니다. 이 사람들은 바깥에 나올 때만 씁니다. 햇볕이 너무 뜨거우니까 그렇습니다.

젊은 여성들은 주로 히잡을 씁니다. 히잡은 머리카락만 가리는 정도죠. 그런데 히잡도 하나의 패션입니다. 히잡을 고를 때 그날 입을 의상과 완벽하게 '코디'를 합니다. 색상은 물론이고, 디자인까지 맞춥니다. 도시에서만 그런 게 아닙니다. 산골에 사는 처녀들도 히잡을 패션처럼 착용합니다. 실제로 파리나 밀라노 패션 명품 회사에서 무슬림 여성용으로 다양한 스카프나 히잡을 만들어 팔고 있습니다.

온몸을 가리는 부르카를 보면 종교적인 억압처럼 느껴지기도 합니다. 하지만 패션처럼 착용하는 히잡을 보면 종교적인 억압이라고 느껴지지는 않잖아요. 우리가 모자를 쓰듯이 복식 문화의 일부처럼 보이죠?

🕌 이슬람 여성, 무슬림 여성, 이슬람 사회의 여성

여기서 우리가 개념 정리를 좀 해야겠습니다. 이슬람 여성은 뭐고, 무슬림 여성이나 이슬람 사회의 여성은 뭘까요? 다 다릅니다.

'이슬람 여성'은 꾸란이나 하디스 같은 이슬람의 종교적 율법에서 규정한 여성을 가리킵니다. '무슬림 여성'은 현재 이슬람적인 가치를 유지하면서 살아가는 여성을 가리킵니다. '이슬람 사회의 여성'은 무슬림일 수도 있고 기독교도일 수도 있고 진보적인 여성일 수도 있고, 보수적인 여성일 수도 있습니다. 우리 사회에선 이 개념들을 다 혼돈해서 사용합니다.

그런데 우리 머릿속에 자리 잡은 몇 가지 아픈 기억이 있습니다. 얼마 전에 있었던 일입니다. 샤이마 레자위라는 아프가니스탄의 여성 앵커가 부르카를 벗고 방송했다는 이유로 명예살인을 당해 사회적인 이슈가 됐습니다. 대단한 충격이었습니다. 샤이마는 아프가니스탄 최초의 여성 앵커였습니다. 굉장히 인기가 많았고 참 잘생긴 여성이었습니다. 그러나 부르카를 벗고 방송했다는 이유로 귀가하는 도중에 명예살인을 당합니다. 가족에게 당했습니다. 폭도에게 당하면 살해나 타살이 되지만, 가족에게 당하면 명예살인이라고 합니다.

한편 터키에서는 1993년에 여성이 최초로 민선 총리가 됩니다. 탄수 칠레르가 그 주인공입니다. 국민 투표로 뽑혔습니다. 이슬람 세계 최초의 여성 총리는 아닙니다. 겨우 일곱 번째입니다. 이슬람 사회에서 국민이 뽑은 여성 지도자가 빈번하게 나온 겁니다.

여러분 베나지르 부토 총리라고 들어보셨나요? 파키스탄 총리였습니다. 민선입니다. 물론 자기 아버지가 알리 부토라는 전 총리였습니다. 아버지가 암살당한 뒤 그 딸이 정치적인 유산을 이어받아 야당 지도자로 치열하게 투쟁했고, 총선에 나가서 표를 제일 많이 얻어 총리에 당선됐습니다.

정치를 잘 하지 못해 선거에 패배해서 정권을 뺏긴 적도 있지만, 야당 지도자로 와신상담 앞장서서 다시 총선에 이겨 총리가 됩니다. 그래서 베나지르

터키의 첫 여성 총리 탄수 칠레르(위)와 파키스탄 전 총리 베나지르 부토

부토는 생전에 두 번 민선 총리로 활동합니다. 물론 이 부토도 나중에 암살당해 불행하게 최후를 맞습니다만. 파키스탄이 어떤 나라입니까? 이슬람 원리주의가 극성을 부리는 곳입니다. 탈레반의 온상지입니다. 그러나 국민이 부토 여사를 총리로 뽑았습니다.

그 옆에 방글라데시가 있죠? 방글라데시는 10년째 여성 총리가 집권하고 있습니다. 역시 민선 총리입니다. 물론 엄밀한 기준에서 그 선거가 공정했느냐에 대해선 논란이 있습니다만, 오히려 군부가 득세하

방글라데시의 두 여걸 칼레다 지
아(위)와 셰이크 하시나

는 곳에서 그 폭압의 사슬을 뚫고 여성이 연달아 민선 총리가 됐다는 것은 자유 선거가 보장된 서구에서보다 더 큰 의미가 있을 수 있습니다.

칼레다 지아 여사는 당당하게 국민당 당수로서, 그 당은 제1당이 되고 민선 총리가 됐습니다. 1991년부터 1996년까지 5년간 통치하다가 정권이 바뀝니다.

방글라데시에는 두 여걸이 있습니다. 칼레다 지아와 함께 셰이크 하시나란 분입니다. 하시나가 칼레다를 몰아내고 정권을 잡습니다. 역시 여성 총리입니다. 이렇게 최근 10년 동안 여성들만 총리가 됐습니다. 하지만 방글라데시는 상당히 이슬람이 강한 나라입니다.

또 다른 면을 보겠습니다. UNFPA(UN인구기금)에 따르면 매년 5천여 명의 여성들이 명예살인을 당한다는 보고서가 발표됐습니다. 끔찍한 일이죠. 사랑을 했다는 이유만으로, 집안의 명예를 더럽혔다는 이유만으로 가족들에 의해 잔혹하게 살해당하고 있습니다. 5천 명이면 결코 적은 숫자가 아닙니다. 이슬람이 왜 이럴까요? 원래 그런 종교니까, 그런 생각도 들죠? 그런데 명예살인은 이슬람에서 엄격히 금지되고 있는 이슬람 국가 일부 사회에서 잔존하는 사회적 악습입니다.

🕌 아랍과 이슬람은 다르다

우리의 고정 관념 중에 '아랍=이슬람'을 동일시하는 경향이 있습니다. 이 왜곡된 인식 구도를 깨트릴 필요가 있습니다.

아랍과 이슬람은 하늘과 땅 만큼이나 다릅니다. 아랍과 이슬람을 동일시하다 보니까 아랍 사회가 갖고 있는, 유목 중심의 사회구조가 만들어 낸 철저한 가부장적 남아선호사상이 이슬람의 옷을 입고서 이슬람의 종교적 가치와 율법적 가르침인 것처럼 보이는 겁니다. 이것이 이슬람 종교와 문화적 가르침인지 아니면 남성 중심적인 아랍의 토착 문화가 만들어 낸 악습인지는 구분되어야 합니다.

이런 혼란이 있다 보니 같은 이슬람이더라도 아랍 사람들이 입으면 굉장히 남성 중심적이고, 가부장적이고, 폭력적이고, 호전적이고, 섬뜩한 이미지가 됩니다. 똑같은 이슬람을 세계 최대의 이슬람 국가인 인도네시아와 두 번째로 많은 인도에 적용시키면 이미지가 굉장히 부드럽고 평화로워집니다. 우리나라보다 훨씬 맥이 없어 보이기도 합니다. 왜 그럴까요?

아랍과 이슬람의 차이를 학문적으로 좀 정리해 봅시다. 일부다처Polygamy, 가부장Patri-archal, 부계 중심Patri-lineal, 남아선호, 확대가족 Extended family, 명예살인, 여성 억압 등의 개념들은 각각 따로 노는 게 아니라 하나의 유기체로 얽혀 있습니다.

아랍은 유목 사회잖아요? 유목 사회는 자기 생태 공간에서 지속 가능한 의식주 공급이 불가능한 곳입니다. 경작이 안 되니까 동물 가죽과 털, 유제품을 가지고 이웃 농경 사회나 도시 사회와 끊임없이 교역하며 필요한 물자를 공급받아야 합니다.

필요한 물자를 공급받는 경로는 두 가지입니다. 하나는 교역이고, 다른 하나는 약탈과 전쟁입니다. 교역은 부족과 부족 사이에 협의가 이뤄져 평화가 유지될 때 가능한 거잖아요. 뺏기지 않고 무사히 가서 돌아와야 하니까요.

그러나 인류 역사상 아랍 세계에서 힘의 균형이 유지됐던 시기는 아주 짧습니다. 대부분의 시기는 불균형의 시기였습니다. 힘 있고 가진 자가 약한 자를 약탈하고 수탈하는 게 당연했던 시대죠.

그런데 교역을 통한 것이든, 약탈과 전쟁에 의한 것이든 이 두 가지 생존 방법 모두 철저하게 남성의 몫이었습니다. 문화인류학에서 보면 여권이 우세하거나 모계중심사회는 대부분 농경정주사회였습니다. 남자의 노동력이 없이 여성의 노동력만으로도 살 수 있어야 여권 신장이 가능한 거죠.

아랍의 생태계에서는 여성이 남성의 도움 없이 살아갈 수 없습니다. 남자 없이 여성 혼자 살아간다는 것은 죽음과 동의어였습니다. 자식이 딸려 있다면 더하겠죠? 그러니 철저한 가부장적 사회가 될 수밖에 없는 겁니다. 또 부계 중심으로 갈 수밖에 없습니다. 자식을 낳더라도 계속 전사戰士로 키울 수 있어야 합니다. 전사가 충분해야 전쟁과 교역의 주인공을 만들 수 있습니다. 그래야 공동체가 튼튼해지고 필요한 의식주를 안정적으로 공급받을 수 있습니다. 가부장과 부계 중심 그리고 남아선호사상이 함께 갈 수밖에 없는 구조입니다.

그러니 여자가 태어나면 어떻게 하나요? 여자는 생산력이 전혀 없다고 판단했습니다. 그나마 제한된 식량을 축내는 소비자 역할밖에 못하는 겁니다. 그래서 자녀를 생산할 수 있는 최소한의 인원만 남겨놓고, 나머지는 없애면 없앨수록 공동체의 생존이 유리해진다고 판단한 겁니다. 그래서 '여아 살해Femicide'라는 나쁜 풍습이 생겼습니다. 특히 쌍둥이를 낳으면 반드시 하나는 죽입니다.

집안에 이미 여자가 두셋이 있는데 또 딸을 낳았다면 이건 공동체를 위협하는 행동으로 받아들입니다. 그러나 어머니는 어떨까요? 아무리 여자아이라 하더라도 자기 자식을 그렇게 죽이지는 못하지 않겠어요? 그래서 수단과 방법을 가리지 않고 살리려고 합니다. 여아 살해 관습 때문에 인구가 그렇게 줄어들지는 않았습니다. 아버지인들 죽이고 싶겠습니까? 이웃 눈치만 안 보인다면 어떡해서든 살리고 싶지 않겠어요?

일부다처는 어떻게 생긴 걸까요? 전쟁이 벌어지면 그 공동체에서 전쟁을 할 수 있는 최후의 한 사람이 남을 때까지 계속합니다. 전쟁은 절대 오아시스 안에서 하지 않습니다. 쳐들어오는 사람이나 지키려는 사람 모두 오아시스 바깥에서 맞섭니다. 오아시스 안에서 전쟁을 하면 오아시스가 오염돼서 이긴 자나 진 자, 아무도 못 살게 되기 때문입니다.

승리한 부족은 새로운 오아시스의 주인이 돼서 들어옵니다. 이때 승리한 부족에게는 패배한 부족의 아녀자들을 절대적으로 보호할 도덕적 책무가 있습니다. 이게 사막의 불문율입니다. 노예로 만들지 않고 정식 사회 구성원이 됩니다. 어차피 인구가 없기 때문에 다 거둬서 자식처럼 키워야 합니다. 남자가 없으면 도저히 살아갈 수 없는 상황에서 일부다처는 공동체를 유지하는 유일한 결혼 방식이었습니다. 왜냐면 노예로 부려서는 안 되니까 그렇습니다.

노예로 부리면 어떻게 될까요? 그 좁은 사회에서 계급이 생기고, 반발하고, 그게 또 집단화되면 굉장히 위험해지잖아요. 아이들이 자라나면서 아버지 원수를 갚겠다고 나서겠죠? 남편을 잃은 어머니가 계속 주입되겠죠? 몇 명 되지도 않은 사회가 한 세대만 지나면 뒤집어지기 십상입니다. 그래서 새아버지가 친자식처럼 키우고 먹입니다. 새로운 식구가 되는 겁니다. 만약 복수와 적대감이 대물림 됐다면, 아랍은 이미 지구상에서 사라졌을 겁니다.

일부다처의 원칙은 이렇습니다. 능력이 있을수록 많은 가족을 보살펴야 합니다. 이게 아랍 사회의 '노블레스 오블리주'입니다. 구약성경에서도 다윗이나 솔로몬 모두 처와 첩 수백 명을 거느렸습니다. 재산이 많았기 때문입니다. 지도자이기 때문에 더 많이 베풀어야 하는 겁니다. 물론 좋게 말했을 때입니다. 악용되는 사례도 있습니다.

일부다처와 여성 할례

한 남자가 여러 명의 아내를 거느리는데 먹고사는 것 못지않게 생식 본능도 중요하겠죠? 그러나 한 남자가 수십 명을 해결해 주지 못합니다. 그러면 어떡하나요? 사회 윤리와 도덕을 지키고자 그것을 억제하려는 사회적 기제가 작동합니다. 그게 여성 할례로 나타납니다. 남성 할례는 여러 여자를 거느릴 때 성적인 기능을 높이고 위생 면에서도 도움이 됩니다. 여성은 음핵을 제거함으로써 성감을 누그러뜨리는 효과를 노립니다. 이렇게 일부다처와 여성 할례는 문화적으로 같이 갑니다.

그런데 꾸란과 하디스 그 어디를 뒤져 봐도 여성 할례에 대해서는 단 한마디도 나오지 않습니다. 그래서 꾸란과 하디스를 신봉하는 이슬람 원리주의자들은 여성 할례를 하지 않습니다. 따라서 아랍 국가에서는 원래 할례 풍습이 없었습니다.

여성 할례는 아프리카에서 번성합니다. 아프리카 사람들은 원래 다처주의였습니다. 이슬람을 받아들이기 전부터 다처주의였습니다. 아랍의 다처와 아프리카의 다처는 본질이 다릅니다. 아랍은 생태적인 생존을 위해 다처가 만들어졌지만, 아프리카는 노동력의 분산을 위해 다처가 만들어집니다. 남성은 철저하게 사냥과 전쟁의 기능을 가지고, 여성은 가사와 노동과 농사의 기능으로 정확하게 분화되어 있습니다. 직업의 분화가 절대적입니다.

아프리카 부족들의 성인식을 보면 몸을 최대한 단련시켜서 전사가 되어 전쟁을 수행하고 사냥을 하는 것이 매우 중요하다는 걸 알 수 있습니다. 이는 물론 남성의 몫입니다. 한번 사냥을 마치면 남성들은 다음 사냥에 나갈 때까지 꼼짝도 하지 않습니다. 여성들이 모든 힘든 일을 합니다. 밭 갈고, 소 키우고, 아이들 키우는 것 모두 여성의 몫입니다.

여성의 노동량이 너무 과도합니다. 그런데 요즘은 전쟁이 없어졌잖아요. 남자가 전사와 사냥꾼으로서의 역할을 못하면 가사 노동이나 농사일을 보충해 줘야 하는데 안 합니다. 수천 년간 내려온 전통이라서 그렇습니다. 이런 사회에서 여성의 목표는 부지런히 일해 돈을 모아 일정 금액을 남편에게 주고, 그 돈으로 신부를 구해 오게 하는 것입니다. 심지어 짝을 정해 주기도 합니다. 어느 마을에 누구, 예쁘고 아이도 잘 낳을 아무개를 신부로 삼아 데려 오라고 합니다. 그럼 일이 반으로 줄겠죠? 또 새 부인에게 일을 더 많이 주겠죠? 그러면 두 번째 부인이 가만히 있겠습니까? 열심히 일해서 돈을 모아 세 번째 부인을 데려오게 합니다.

아프리카에서는 남자와 여자가 각자 하는 일을 '영적인 직업'이라고 부르며 절대 침해해서는 안 됩니다. 이러한 아프리카의 토착적인 관념이 다처 사회를 만들어 가는 겁니다. 여성 할례를 철저히 하는 이유도 여기에 있습니다. 여러 아내들을 통제하기 위한 수단입니다.

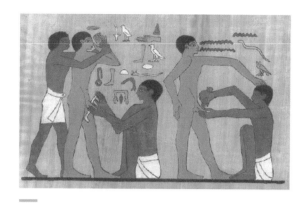
이집트 고대 벽화에서 나온 할례 장면

그렇다면 아프리카에서 기독교가 실패한 반면, 이슬람은 어떻게 최대 종교가 됐을까요? 기독교는 일부일처의 윤리를 철저하게 강조했고, 이슬람은 일부다처를 허용했기 때문입니다. 그래서 아프리카 사람들에게 딱 맞았습니다.

본질적으로 보면 이슬람의 다처와 아프리카의 다처가 다릅니다만, 아프리카 사람들은 겉으로 보이는 형식이 유사하니까 이슬람을 더 선호했습니다. 물론 이슬람이 상업이나 과학 기술, 통치 시스템 같은 순기능적인 다른 유리한 측면들도 제공해 주었지만요.

이슬람 율법에서는 다처의 조건이 무척 까다롭습니다. 네 사람까지 제한되고, 모두에게 공평하게 대해야 합니다. 아프리카 무슬림들도 그 형식은 따릅니다만, 수천 년간 이어져 온 여성 할례는 살아남은 겁니다. 그래서 여성 할례는 이슬람적이 아니라 아프리카적인 전통에 따른 겁니다. 이집트, 수단, 나이지리아 등 이슬람화된 아프리카 국가들에 아직 남아 있습니다. 이슬람을 믿으면서 여성 할례를 하니까 이슬람과 무슨 관련이 있는 것처럼 잘못 알려진 겁니다. 사우디 같은 GCC 국가들에서는 여성 할례를 하지 않고, 동남아에서는 아예 금지되어 있습니다.

이슬람이 들어와서 아랍 사회가 가지고 있던 전통적인 다처 문제를 어떻게 해결했을까요? 처음에는 좋은 뜻으로, 즉 사회 공동체 유지 전략으로 이 제도가 받아들여졌는데 항상 전쟁이 있는 건 아니잖아요. 그러다 보니 다처 문화는 남성이 자기의 권력과 사회적 지위, 경제적 부를 과시하는 수단으로 금방 변질되어 버렸습니다. 성적으로 학대하고, 강제로 처녀성을 빼앗고, 상품 가치가 떨어졌다고 판단하면 자기 아내를 노예시장에 팔아먹는 등 인간으로서는 용납할 수 없는 온갖 죄악이 횡행했습니다.

이슬람의 다처는 무함마드의 메디나 계시를 통해 전해집니다. 당시 일부다처 문화에서 사회적인 부조리가 너무 횡행하니까 그 문제와 씨름하며 무함마드가 기도합니다. 사람이 사람을 억압하고, 사람이 사람을 팔아먹는 일부다처 제도를 어떻게 해야 할까? 아내라는 이름으로 여성이 억압당하고 노예 같은 삶을 살아가는 것을 안타까워했습니다. 그때 계시가 내려옵니다.

만약 너희가 고아에게 공평하게 대해 줄 수 없을 것 같은 두려움이 있다면 결혼을 할 것이니 너희 마음에 드는 여인으로 두셋 또는 넷을 취할 것이다.

일부다처를 풍자한 그림

그러나 그녀들을 공평하게 대해 줄 수 없을 것 같은 두려움이 있다면 한 여인이나 아니면 너희 오른손이 소유한 것을 취할 것이다. 만약 너희가 그들을 공정하게 대할 수 없다는 두려움이 있거든 오직 한 여자와 결혼하라.

_꾸란 4장 3절

일부사처까지 허용하는 다처 계시입니다. 당시 무분별하게 횡행하던 다처 문화에 철퇴를 가한 겁니다. 고아를 공평하게 대해 줄 자신이 있으면 결혼을 안 해도 됩니다. 그게 자신 없으면 결혼하라는 겁니다. 그러면 자기 자식이 되니까 공평하게 대해 줄 마음이 생길 것이고, 아비가 그렇게 하지 않더라도 상속 지분이 동등하기 때문에 법적으로 그 지위를 보호받습니다. 무분별한 다처 문화에 조건을 달아 준 거죠. 당시에 만약 일부일처를 계시했다면 어떻게 됐을까요? 아랍 사회는 무너졌을 겁니다.

마지막 문장을 잘 보십시오. 4명의 아내를 공정하게 대할 자신이 없으면 오직 한 여자와 결혼하라지 않습니까? 이슬람의 원칙은 일부일처입니다. 많은 이슬람 율법학자들이 만장일치로 유권해석을 내놓았습니다. 이슬람의 기본 원칙은 일부일처입니다. 그러나 특수한 상황이라면 공동체 유지를 위해 네 사람까지 마지노선으로 허용해 놓은 겁니다. 무조건 4명을 가지라는 뜻은 아닌 거죠. 참고로 '너희 오른손이 소유한 것'은 노예를 뜻합니다. 600년대 계시니까 지금 기준으로 판단하기는 어려운 부분입니다.

이런 구조이므로 가족은 핵가족일 수가 없습니다. 여러 가족이 함께할 수밖에 없으니 확대가족이 됩니다. 대가족과는 다른 개념입니다. 대가족은 고조부, 증조부, 조부로 이어지는 수직적인 혈통 개념으로 가족이 커진 겁니다. 확대가족은 혈통이 아니라 수평적으로 가족 개념이 넓어지는 걸 가리킵니다. 식구가 많다는 건 같지만 숫자가 늘어난 원인이 다릅니다.

🕌 아내를 보호하기 위한 결혼 지참금, 마흐르

결혼에서 여자를 보호하는 제도도 만들었습니다. 유목 사회에서 남자 없이는 죽음과 동의어라고 말씀드렸죠. 그런데 남편이 죽어 버리면 큰일 나잖아요. 그래서 결혼할 때 '마흐르'라는 결혼 지참금을 주게 돼 있습니다. 남편이 처가에 주는 것으로, 신부에게 주면 안 됩니다. 반드시 처가에 줘야 합니다.

마흐르는 상당히 고가입니다. 우리 사회에 대입하면 억대입니다. 금액의 크기는 신부의 사회적 신분이나 교육, 미모 등에 따라 결정됩니다. 최종 금액은 양가가 합의하게 되어 있습니다. 기본 원칙은 비상시에 남편이 없더라도 여성 혼자서 최저 생계비를 가지고 노후를 견딜 수 있는 액수 이상이어야 합니다. 옛날 아랍에서는 낙타 10마리 혹은 20마리, 이런 식으로 정했습니다.

지금도 이슬람 국가에서는 마흐르를 지급하지 않으면 결혼이 성립

모스크 앞에서 결혼을 올린 이슬람 신랑과 신부. 긴팔 드레스에 히잡을 두른 신부의 모습이 눈에 띈다.

되지 않습니다. 이슬람 율법으로 정했습니다. 법원에 결혼 신고를 할 때 마흐르 액수를 기재하도록 합니다. 그게 있어야 판사가 결혼 증명에 사인을 하고 정식 부부가 됩니다.

친정 입장에선 어떻겠습니까? 딸을 시집보내면 상당한 금액이 들어오겠죠? 그런데 왜 신부에게 주지 않고 처가에 줄까요? 신부한테 주면 그 돈이 남아나지 않습니다. 아이 등록금이 없다든지, 남편이 아프다든지 하면 그 돈을 쓰게 되겠죠? 자발적으로 쓰면 자기 책임이잖아요.

그렇게 다 쓴 상황에서 갑자기 이혼을 당한다든지 남편이 죽으면 어떻게 되겠습니까? 길거리에 나앉겠죠? 그래서 친정에 주는 겁니다. 친정이 망한다면 모를까, 그렇지 않다면 딸의 목숨을 담보로 받은 돈을 잘 유지하고 보관하려고 하겠죠? 그게 기본적인 미덕 아닙니까? 이처럼 위험 관리 차원에서 처가에 맡깁니다.

남자가 아내에게 이혼을 요구할 때는 마흐르를 돌려받지 못합니다. 남자가 마흐르를 돌려 달라고 요구하면 그 사회에서 좀스러운 남자로 낙인이 찍힙니다. 그래서 쉽게 돌려 달라고 요구하지 못합니다. 반면 아내가 다른 남자와 살기 위해 남편에게 이혼을 요구하면 마흐르를 돌려받을 수 있습니다.

⛪ 명예살인을 하게 만드는 사회적 압박

시집 안 간 딸이 총각과 눈이 맞아 아기까지 들어섰다고 상상해 보십시오. 우선 마흐르가 날아가 버립니다. 결혼 전에 처녀성을 잃어버리면 그 사람들 사고방식에서는 시집보낼 수 없게 된 것입니다. 상품 가치는 완전히 떨어지고 온 마을에서 손가락질까지 당합니다. 그때 아버지나 오빠가 불륜을 저지른 자기 딸과 여동생을 처단하는 겁니다. 이게 명예살인입니다.

이렇게라도 명예를 회복해야 다른 가족들이 결혼할 수 있습니다. 그게 안 되면 낙인이 찍혀서 상종할 수 없는 집안이 됩니다. 좁은 사회기 때문에 이 낙인이 대대로 이어집니다. 당대에 처리하지 않으면 안 되는 구조입니다. 명예살인을 선택하게 만드는 사회적인 압박인 거죠.

그런데 우리가 잘 모르는 부분이 있습니다. 언론에서는 주로 아버지와 오빠에 의해 명예살인당하는 딸을 토픽으로 알리죠. 여자의 처녀성을 잃게 만든 남자는 어떻게 될까요? 그 남자도 죽입니다. 남자를 죽이는 게 뉴스거리가 안 돼서 잘 다뤄지지 않습니다만, 처녀의 집안에서는 그 남자를 반드시 죽입니다.

남자 집안에서는 어떨까요? 생산 능력이 없는 여자를 죽이는 것과 전사이자 생산자인 남자를 죽이는 것은 비교가 전혀 안 되겠죠? 그 일로 두 부족 간에는 적대 관계가 만들어집니다. 그리고 상대방 부족의 남자를 또 한 명 죽입니다. 그러면 이쪽에서도 가만있지 않겠죠? 또 상대편 남자를 죽입니다. 이렇게 명예살인이 대를 이어 내려옵니다. 터키와 요르단에서는 지금도 이어지고 있습니다. 오래된 것은 470년째 이어지는 것도 있습니다.

그런데 여기에도 대강의 원칙이 있습니다. 한 세대에 한 명씩만 복수합니다. 무차별하게 복수하다 보면 몇 세대 지나지 않아 양쪽 부족이 다 사라지겠죠? 이번 대에 내가 명예를 갚았다고 하면 명예가 회복됐다고 치는 겁니다. 상대 부족은 불명예스럽겠죠? 그럼 상대 쪽에도 미션이 주어집니다. 이 불명예를 잊지 말라는 메시지가 다음 대로 이어집니다. 두 부족 간에 불미스러운 사건, 즉 영역 문제나 우물 문제 같은 일이 생기면 부족의 결속을 강화하고 명예를 회복하기 위해 집안의 누구 하나가 지목됩니다. 그 사람은 명예살인에 대한 미션을 받고, 또 수행을 하는 겁니다. 그렇게 470년간 십몇 대째를 이어 내려오고 있습니다.

이 경우에는 살인죄를 적용하지 않습니다. 상대방을 죽일 의도는 전혀 없지만, 부족의 전통과 명예를 위해 미션이 주어진 것이기 때문에 수행할 수밖에 없는 것이라고 정상 참작을 해 줍니다. 명예살인으로 악명 높은 나라가 터키, 요르단, 파키스탄인데요. 이들 국가의 법정에서는 살인죄로 다루지 않았습니다. 조금 살면 6개월, 많이 살아도 1년 안에 다 나옵니다. 그러니 근절이 안 되죠.

세계 인권 단체에서 명예살인을 없애기 위해 끊임없이 압박을 가했습니다. 최근에는 이들 세 나라 모두 명예살인도 살인죄로 기소하기 시작했고, 지금은 살인죄로 다룹니다. 덕분에 명예살인이 빠른 속도로 줄어들고 있습니다.

그러나 보수적인 가문이 수백 년간 이어 내려온 전통을 UN이 결의했다고 포기할 수 있겠습니까? 자기네는 아직 앙금이 남아 있습니다. 그런데 법이 강화돼서 살인죄를 적용하면 살인을 저지른 사람도 사형에 처합니다. 이렇게 되면 자기 가문도 피해를 입게 생겼잖아요. 그래서 이를 피하려고 미성년자를 동원합니다. 열한 살, 열두 살짜리를 훈련해서 보냅니다. 미성년자는 사형을 안 시키니까요. 이것이 또 다른 병폐가 되고 있습니다. 결국 이 지경이 됐습니다.

물론 한 세대 정도 지나면 많이 약화되겠죠? 그러나 오랫동안 전해 내려온 뿌리 깊은 관습들은 어떤 현대적인 법 제도로도 쉽게 개선되지 않을 것입니다.

명예살인도 이슬람과는 전혀 상관없는 아랍의 부족 문화가 만들어 낸 사회적 악순환입니다. 이슬람 율법에는 명예살인이 초창기부터 금지돼 있었습니다.

🕌 여성의 머리를 가린다는 것

이슬람 여성들이 뒤집어쓰는 것을 '히잡'이라고 하죠? 이란 말로는

'차도르'고, 영어로는 '베일' 또는 '스카프'라고 합니다. 다 똑같은 말입니다. 그러나 나라마다 이것을 바라보는 개념들이 조금씩 다릅니다. 그 안에 또 다양한 형태로 세분화되어 있습니다.

'부르카'는 얼굴까지 다 가리는 겁니다. '니캅'은 다 가리고 눈만 내놓는 겁니다. '아바야'는 몸을 뒤덮는 망토입니다. '샤일라'는 머리카락이 다 나오고 살짝 가려서 하늘거리는 패션화된 스카프입니다. 젊은 여성들이 많이 합니다. 터키에서는 '차르샵', 인도네시아에서는 '푸르다', 중앙아시아에서는 '카팔르'라고 합니다.

그런데 이런 걸 다 아실 필요는 없습니다. 대충 히잡이라고 아시면 됩니다. 여자들이 정숙함을 상징하기 위해서 머리 일부를 가리는 쓰개의 통칭이 히잡입니다. 이 정도만 알아 두시면 되겠습니다.

왜 히잡을 쓸까요? 아주 옛날부터 썼습니다. 고대 메소포타미아 이후 서아시아와 오리엔트 지역에서 노예를 제외한 상류층 여성들이 의상의 하나로 히잡을 썼습니다. 노예는 못 씁니다. 품위와 교양과 사회적 지위를 나타내는 상징이었습니다. 예수님이 나오는 나사렛 여인들 그림을 보면 다 히잡을 썼죠? 남자들도 다 썼습니다.

히잡은 수메르인에게는 자치권의 상징이었고, 페르시아인과 메소포타미아인들에게는 배타적인 특권, 즉 나는 너희들과 다르다는 민족적이고 종교적인 특권을 상징했습니다. 이집트 사람들은 평등의 상징으로 히잡을 썼고, 그리스 문화권에서는 계급과 지위의 상징으로 썼

시계 방향으로 히잡, 니캅, 부르카를 쓴 이슬람 여성들

습니다. 그리스 로마의 상류층 여인들은 반드시 베일을 착용했습니다. 고대 메소포타미아 문화가 그리스 로마까지 이어졌다는 걸 알 수 있죠? 비잔틴 문화에서는 격리를 뜻했습니다. 오염으로부터의 격리입니다. 이슬람에서 쓰는 히잡은 비잔틴의 격리 개념에 가장 가까운 것 같습니다.

히잡은 이슬람 시대에 갑자기 아랍에 등장한 것이 아니라 수천 년 동안 그 지역에서 내려오던 하나의 관습을 종교적으로 재해석한 것입니다. 물론 꾸란에도 나옵니다.

정숙함을 유지하라. 남들에게 자극을 줄 수 있는 부위를 가려라.

어떤 부위를 어떻게 가리라는 이야기는 나오지 않습니다.

그런데 페르시아 신화에서는 여성의 성적 상징이 머리카락이었습니다. 길게 길러 엉덩이 아래까지 치렁치렁하게 내려오는 머리카락이 아름다움의 상징인 동시에 최고의 섹스 심벌이었습니다. 그래서 머리카락을 가리는 것이 정숙함을 상징하는 전통적인 방법이 된 것 같습니다.

몸은 당연히 가리는 거고요, 손도 장갑을 낍니다. 무릎 아래까지 내려오는 긴 치마를 입습니다. 탈레반들은 얼굴까지 가리라고 요구하고, 아랍 사회에서는 눈은 내놓아도 된다고 합니다. 그중에서도 사우디아라비아가 대표적입니다. 나머지 나라들은 노출은 심하게 하지 말고 머리카락 정도만 가리라고 합니다. 이렇게 나라마다 적용하는 기준이 다 다릅니다.

　진보적인 페미니스트들은 이렇게 주장합니다. 꾸란에서 자극을 주는 부분을 가리라고 했지 머리카락을 지목하지는 않았다, 머리카락을 보고 색정을 느낀다는 게 말이 안 된다 등등. 이렇게 생각하기 때문에 당당하게 머리카락을 내놓고 다닙니다.

　57개 이슬람 국가 중에서 히잡을 법적으로 강요하는 나라는 두 나라밖에 없습니다. 사우디와 이란 정도입니다. 히잡에 대한 율법적인 근거가 명확하다면 더 많은 나라에서 법으로 강제했겠죠. 사우디와 이란에서는 모든 국민이 히잡을 써야 하고, 외국인 여성도 쓰게 되어 있습니다.

　2015년, 박근혜 대통령이 사우디를 방문할 때 히잡을 쓸 것인가 말 것인가에 대한 논의가 일었습니다. 여성 외국인 원수들도 지금까지 약 90% 정도가 히잡을 썼습니다. 우리나라의 머리 좋은 외교관들이 사례를 다 수집해 보니 얼마 전 미국 힐러리 클린턴 국무 장관이나 미셸 오바마는 사우디를 방문했을 때 안 썼다고 합니다. 미국은 워낙 강한 나라니까요. 나머지 독일과 프랑스는 다 썼습니다. 우리 정부는 미국도 안 쓰는데 왜 써야 하냐고 설득했습니다. 그래서 우리 대통령은

안 쓰고 갔습니다. 하지만 모스크에 들어갈 땐 안 쓸 수 없으니까 예쁜 스카프를 골라 갔습니다.

인류학자로서 하나 언급하고 싶은 것이 있습니다. 아랍에선 여성들이 다 폐쇄되어 있는 것처럼 보이죠? 아랍 여성들이 그 사회가 기대하는 대로 정숙함을 유지할까요?

제가 이슬람 지역 필드워크를 30년 동안 하고 있습니다. 그 와중에 되도록이면 아랍 여성들과 눈을 안 마주치려고 하는데요, 간혹 시선이 마주칠 때가 있습니다. 1초도 안 되는 짧은 순간에 그 시선을 통해 보내는 메시지가 굉장하다는 걸 느낄 때가 있습니다. 야릇한 미소를 머금고 시선을 놓치지 않으려고 애를 씁니다. 막아 놓고 있으니까 외부인에 대한 관심이 더 커질 수도 있겠고, 원래 관심이 많아서일 수도 있겠습니다만, 아무래도 전자라고 봐야겠죠? 이처럼 히잡을 쓴 여성들도 외부 남성에 대해서 강한 호기심을 가지고 있습니다.

그러면 남성들은 어떨까요? 무릎 정도 내려오는 치마를 입으면 종아리가 보이죠? 우리 사회에서 하얀 종아리를 보고 불편한 생각을 갖는다면 좀 이상하게 여기잖아요. 그러나 폐쇄된 아랍 사회의 10대, 20대 남자아이들은 종아리가 드러난 것만 봐도 우리가 '야동(야한 동영상)'을 본 것 이상으로 성적인 도발을 받습니다. 문화적 차이죠. 그래서 그 사회에 가면 그들 방식대로 입는 것이 안전합니다.

1967년, 사우디에서 실제로 있었던 일입니다. 영국 대사 부인이 무릎이 살짝 올라가는 미니스커트를 입고 제다에 있는 쇼핑센터를 갔다가 종교경찰에게 붙잡혀 피가 나도록 종아리를 맞았습니다. 대사 부인인지는 알아보지도 않았습니다. 종교경찰은 자기 직분에 충실했던 거죠. 그때 대사가 소환됩니다. 심각한 외교 문제 아닙니까? 대사 부인을 백주 대낮에 피가 나도록 때렸으니까요. 당시 외신이나 현지 외교관들의 일치된 의견은 대사 부인이 잘못했다는 거였습니다. 영국 대사 부인이라도 정도를 넘어선 도발적인 행동을 했다고 평가했습니다. 요즘은 좀 바뀌기도 했겠지만, 여전히 그 사회에는 이같은 흐름이 남아 있습니다.

우리 학교에도 사우디 유학생 수십 명이 공부하고 있습니다. 제가 지도교수도 만나고 관심 있게 체크해 보니 제일 어려운 점이 학생들 시선 컨트롤이 안 된다는 겁니다. 학교 당국에서는 되도록 여자 교수가 수업에 들어가지 말도록 조언했습니다. 같이 수업 듣는 여학생들도 따로 교육했습니다.

요즘 우리 여학생들 정말 짧게 입잖아요. 사우디 남학생들은 아예 수업을 못하는 겁니다. 정서적 훈련이 전혀 안 돼 있습니다. 옆에 성적 자극을 받을 수 있는 유혹 요인들이 감싸고 있는데 제대로 수업이 되겠어요? 유학을 하는 2년 동안 그들에게 한국 문화를 인식시키고 정서를 리모델링하는 일이 수업하는 것보다 훨씬 어려웠습니다.

사우디와 이란을 제외한 나머지 55개국에서는 히잡을 쓰는 것이 자유입니다. 좀 보수적인 사람들은 이미 체화된 문화적 관습이니까 벗는 것을 불편해합니다. 벗고 있으면 왠지 단정하지 못한 것 같고 전통적인 가치를 무시하는 기분이 듭니다. 반면 젊은 여성들은 벗는 경우가 많습니다. 그런데 놀라운 변화 중 하나는 9·11 테러와 미국 이라크 전쟁 이후에 젊고 배운 여성들 사이에 히잡을 다시 쓰는 숫자가 증가하고 있다는 사실입니다.

예전 이슬람 페미니스트를 상징하는 이미지는 크게 세 가지였습니다. 첫째, 히잡을 벗어던졌습니다. 둘째, 담배를 피기 시작했습니다. 셋째, 적극적인 사회 참여, 즉 직장을 갖는 것이었습니다. 우리말로 하면 신여성, 이것이 이슬람 페미니스트들의 상징이었습니다. 1970~1980년대는 미국이나 서구에서 공부했다 하면 바로 히잡부터 벗고 담배를 피고 청바지 입고 직장을 다니곤 했습니다.

그러나 9·11 테러와 이라크 전쟁 이후에는 서구에서 공부한 사람일수록 히잡을 다시 쓰는 사람의 숫자가 빠르게 늘었습니다. 무조건 서구를 따라가지 않겠다, 서구와 차별화된 나만의 정체성을 찾겠다는 표현으로 그런 결과가 나타난 겁니다. 전체적으로도 히잡을 쓰는 여성의 숫자가 늘어나고 있습니다. 우려스러운 일인지 아닌지는 좀 더 두고 봐야겠지만, 그만큼 이슬람 여성들의 민도와 자존심이 커졌다는 것입니다.

70년대와 80년대 기준으로 보면 히잡이 여성을 억압하는 상징적인 기제가 맞습니다. 자기 맘대로 벗지도 못하게 하고, 사회참여도 제한했으니까요. 그러나 21세기 오늘날 시점에서 히잡을 여전히 여성을 억압하는 기제라고 주장한다면 그것은 사우디와 이란에서만 적용될 수 있는 말입니다. 나머지 55개국에 그 주장을 적용하는 것은 맞지 않습니다.

▲ 이슬람 여성의 미래

이슬람 여성들은 이미 변하고 있습니다. 총리가 여럿 나왔다는 건 이미 말씀드렸죠. 이슬람 여성의 지위는 그 사회가 갖고 있는 민도와 정확하게 비례하는 것 같습니다. 인류학자 입장에서 보면 교육열, 문맹률, 소득 수준 등과 정확하게 비례합니다. 예를 들면 아프가니스탄의 탈레반들은 여성들이 꾸란에 손도 못 대게 했잖아요. 여성이 꾸란에 손을 대면 종교 모독이라고 합니다.

공부도 안 시켰습니다. 집안에만 가둬 키우라고 합니다. 종교 교육만 시키고, 하이힐을 신고 다니면 공공 소음죄로 처벌합니다. 태형을 다섯 대씩 맞습니다. 화장을 진하게 하면 남성 유혹죄로 또 맞습니다. 이런 말도 안 되는 사회가 가능한 배경은 여성들이 무지하고 이슬람에 대한 이해가 낮기 때문입니다. 남성들이 교육을 독점하고 힘으로 강제하니까 숙명처럼 받아들여지고 있는 겁니다. 여성들에게 사회적 저항권이 없으니까요.

똑같은 내용을 민도가 높은 레바논이나 팔레스타인, 튀니지, 모로코, 터키 같은 곳에서 적용시키면 어떻게 될까요? 그곳 여성이라면 받아들이겠습니까? "미쳤냐?" 하고 대들겠죠? 저항할 것이 자명하니 시작할 엄두도 내지 못하는 겁니다. 그럼 이게 무슨 문제라고 봐야 합니까? 종교적 율법이 결정적인 걸림돌일까요, 아니면 그 사회가 가지고 있는 수준의 문제일까요? 냉정하게 고민해 볼 필요가 있습니다.

물론 종교적 율법을 악용하는 것도 하나의 문화적 현상이기는 합니다. 그러나 그보다 더 본질적인 문제는 그 사회가 갖고 있는 개방성이나 성숙도 그리고 문화, 경제, 복지 등의 수준입니다. 그것이 어느 수준에 도달한다면 사회도 바뀔 수밖에 없습니다. 제가 항상 강조합니다만, 사람이 가지고 있는 그릇은 어느 문명이나 비슷하기 때문입니다.

우리가 가지고 있는 고정관념 중에 하나가 이슬람 율법이 그 사회를 통제할 거라는 생각입니다. 이슬람 율법을 제도적으로 적용하는 나라는 두 나라나 세 나라 정도밖에 안 됩니다. 나머지는 사회적으로 이슬람 율법을 적용하지 않습니다.

이슬람 율법을 적용하는 나라는 탈레반 시절의 아프가니스탄, 사우디, 이란 정도입니다. 사우디도 형식만 그렇지 완전히는 아닙니다. 이란도 형식적인 면이 많습니다. 샤리아라는 이슬람 율법이 헌법의 상위 기구로 상징적으로만 존치되고 있습니다. 나머지 54개국은 스위스 민법을 기초로 한 헌법이 상위법입니다. 이슬람 율법은 민법 중 가족법에서 일부 통용됩니다. 즉 결혼, 이혼, 상속 같이 전통 문화로 내려오는 부분에서 그렇습니다. 우리도 전통적인 부분을 일부 지키지 않습니까? 따라서 이슬람 율법도 이미 사라지고 있다고 말할 수 있습니다.

🕌 이슬람 사회의 통과의례

이슬람 사회의 통과의례 첫 번째는 임신과 출산입니다. 아랍에도 남아선호 문화가 있으니 아들 낳는 법, 태아 감별법이 굉장히 발달해 있습니다. 낙태도 서구 사회보다 훨씬 일찍 발달합니다. 여아를 낳아서 죽이는 것보다는 태아 때 감별해서 처리하는 게 사회적으로나 윤리적으로 부담이 적잖아요. 정확도는 많이 떨어지겠지만 성별을 감별하는 조산원이나 민간요법 기관들이 놀라울 정도로 발달되어 있습니다.

아들을 낳으면 40일 동안 대접을 받습니다. 손에 물 한 방울 대지 않습니다. 산모가 몸을 추스르고 나면 결혼식 때 입었던 신부 옷을 다시 꺼내 입고 시댁과 마을 사람들의 축하를 받습니다. 아들을 낳음으로써 비로소 결혼이 완성된다는 개념입니다. 반대로 여자아이를 낳으면 어떻게 될까요? 즉시 가사에 복귀합니다. 옛날 우리도 그랬죠? 산후 음식도 다 다릅니다.

다음으로 이름을 짓고 할례를 합니다. 이름은 주로 선지자의 이름이나 알라의 아흔아홉 가지 속성 그리고 지역의 성과 부족의 성을 따라 짓습니다. 남자아이는 생후 7일에 할례를 합니다. 결혼식 다음으로 큰 축제가 할례 축제입니다.

혼례는 부족과 부족 간의 합의로 진행됩니다. 거액의 마흐르를 주고 이뤄지는 것이기 때문에 자유연애는 가족과 부족 간 명예살인을 불러일으킬 수 있는 굉장히 위험한 행동입니다. 그래서 철저히 중매로 결혼이 이뤄집니다.

중매쟁이를 카타바Kataba라고 하는데요, 그 역할이 굉장히 중요합니다. 우리처럼 아무나 하는 게 아니라 사회적으로 명망이 있는 사람이 합니다. 양쪽 부족을 잘 알고, 마흐르 액수를 잘 합의할 수 있게끔 조율할 수 있어야 합니다. 양쪽 의견이 팽팽할 때 두 쪽 모두 승복시킬 수 있을 정도의 입지가 있어야겠죠. 결혼할 때 마흐르가 중요하다는 건 앞서 말씀드렸고, 이때 추가로 증인이 꼭 필요합니다.

사촌 결혼과 근친혼이 허용됩니다. 왜 그럴까요? 내 딸을 결혼시키려면 거액의 마흐르를 줘야 되잖아요. 내가 돈을 줬으니 상대방은 플러스가 됐겠죠? 우리 돈으로 환산하면 2억 원의 불균형이 순식간에 생긴 겁니다. 두 부족 사이가 좋으면 괜찮겠지만, 적대 관계가 돼버리면 균형이 크게 흔들리겠죠? 위험이 굉장히 큰 겁니다. 그래서 웬만하면 부족 내에서 결혼하기를 선호합니다.

그런데 부족 구성원의 숫자가 많지 않으니 그 풀이 금방 고갈되겠죠? 오누이를 차마 결혼시킬 수 없으니 마지노선이 사촌입니다. 지금도 사촌 결혼이 남아 있습니다. 유목 사회구조를 총체적으로 들여다보아야 이를 이해할 수 있습니다.

사촌 결혼의 가장 큰 이점은 재산이 분할되지 않는 거겠죠? 거액의 마흐르를 줘도 집안 재산이죠. 재산이 외부로 유출되지 않는 겁니다. 굉장히 든든한 경제적, 사회적 기반이 되는 겁니다. 그래서 지금까지 사촌 결혼이 근절되지 않고 남아 있습니다. 이 또한 이슬람 전통이라기보다는 부족이 전략적으로 선택한 결과라고 봐야겠죠.

그런데 이슬람이 동남아로 전파되면서 근친혼도 같이 가게 됩니다. 아랍의 풍속이 이슬람과 결합돼서 동남아로 전달되다 보니 동남아에도 근친혼이 상당히 많이 남아 있습니다. 이슬람을 받아들이면서 유목 민족의 관습도 함께 받아들인 거죠. 그래서 족내혼이 빈번하게 일어납니다.

사촌 결혼도 허용하는데 우리의 상식으로는 도저히 이해되지 않는 결혼을 못 하는 사이가 있습니다. 어떤 관계일까요? 아무런 혈연적 인과 관계가 없다 하더라도 어릴 때 같은 유모의 젖을 빨았던 남녀는 어떤 경우에도 결혼할 수 없습니다. 근친이 아니어도 그렇습니다.

한 유모의 젖을 같이 빨았다는 사실 때문에 형제로 봅니다. 젖을 신성하게 보기 때문이겠죠? 근친을 허용하면서도 지켜야 할 금기를 하나 만들어 둔 거죠. 대신 아랍에서는 양자 개념이 없습니다.

🕌 이슬람의 이혼

이혼은 서구 사회보다 훨씬 광범위하고 빈번하게 일어납니다. 어디서 그걸 알 수 있냐면 첫 번째 이혼한 여자, 두 번째 이혼한 여자, 세 번째 이혼한 여자에 대한 용어가 따로 있다는 사실입니다. 친족이 발달하면 친족과 관련된 용어가 발달하죠? 인류학에서 그렇게 말합니다. 마찬가지로 이슬람 사회에서는 이혼 횟수에 따라 용어가 다릅니다. 보편화되어 있기 때문에 용어가 따로 만들어진 겁니다.

제일 나쁜 게 '탈라크'라는 일방 이혼입니다. 남자가 여자에게 '나는 당신과 살기 싫다'라고 통보만 하면 이혼이 성립되는 제도입니다. 세계 여성 인권 단체에서 비난을 많이 하는 부분이기도 합니다. 그렇지만 여기에도 몇 가지 조건이 있습니다. 말 한마디 툭 던진다고 자동으로 이혼이 되는 건 아닙니다.

술을 먹거나 약을 먹거나 정신이 혼미한 상태에서 이야기한 것은 무효입니다. 벽 보고 지나가는 말로 던져서도 안 됩니다. 앞에 앉혀 놓고 눈을 정확하게 마주친 상태에서 같이 살 수 없다고 또박또박 말해야 합니다.

부인이 알아들었다고 인정하면 그때부터 석 달간 유예 기간을 둡니다. 석 달 동안 부부생활은 못합니다. 이혼을 통보했으니 결별 수순을 밟아야 하잖아요. 석 달이 지난 뒤에 두 번째 통보를 합니다. 석 달 동안 곰곰이 생각해 봐도 도저히 당신과 못 살겠다고 통보합니다. 그러고 다시 석 달간 유예 기간을 줍니다. 그 뒤 다시 세 번째 통보를 하고 법원에 신고하면 자동적으로 이혼을 승인해 줍니다.

여성은 남성에게 이런 식으로 이혼을 통보할 수 없습니다. 억울하죠? 그런데 전혀 억울할 것이 없습니다. 이미 마음이 떠난 거잖아요. 그런데 어떤 경우에 탈라크를 할까요?

예를 들면 이런 것들입니다. 첫 번째 부인은 딸만 둘 낳고 늙었고, 자기는 아들을 꼭 낳아 집안의 대를 잇고 싶은데 그럴 가능성은 줄어듭니다. 그때 정말 마음에 드는 젊은 여자가 생긴 겁니다. 두 번째 아내를 들이고 싶은데, 그러려면 첫 번째 아내가 동의를 해 줘야 합니다. 동의가 없으면 법적으로 결혼이 성립되지 않습니다. 네 번째 아내를 얻으려면 첫째, 둘째, 셋째 아내가 동시에 동의해 줘야 합니다. 그 중 한 사람이라도 동의하지 않으면 결혼은 법적으로 성립되지 않습니다. 그래서 일부사처는 사실상 굉장히 어렵습니다.

어쨌든 아들을 얻고자 두 번째 아내로 들이고 싶은데 첫 번째 아내가 동의를 안 해주는 겁니다. 이때 남자는 탈라크라는 마지막 카드를 사용합니다. 그렇게 강제 이혼을 하고 두 번째 아내를 맞이합니다. 여자는 세 번째 탈라크까지 60일이라는 시간 동안에 자기 나름의 전략을 세울 수 있습니다. 마음이 떠난 것을 알기 때문에 끝까지 버텨서 이혼을 당하는 겁니다. 탈라크인 경우에는 밀린 마흐르를 다 받을 수 있습니다.

마흐르가 큰 금액이라고 했죠? 그래서 상속을 크게 받지 않은 남자가 결혼할 때에는 처음부터 마흐르 전액을 처가에 맡기는 경우가 별로 없습니다. 이집트 같은 곳에는 사십 대 총각이 엄청나게 많습니다. 마흐르를 못 구해서 그렇습니다. 그래서 1천만 원 먼저 제공하고 나머지 9천만 원은 미납으로 결혼 증명서에 기입해 둡니다. 그게 명확하게 안 되면 결혼이 성립하지 않으니까요.

막상 살다 보면 남편이 돈 번다고 고생하는데 아내 입장에서 밀린 마흐르를 내놓으라고 말 못합니다. 인지상정 아닙니까? 그렇게 잊히는 겁니다.

그런데 언제 효력을 발생합니까? 이혼할 때입니다. 나머지 9천만 원의 마흐르를 지급해야 하고, 또 탈라크가 분명할 때는 여성이 요구하는 상당 액수의 위자료를 함께 줘야 합니다. 위자료와 마흐르를 같이 받는 겁니다.

여자는 어떤 전략을 세울까요? 이 나이에 다시 결혼해서 딴 남자와 가정을 꾸리기도 어렵고, 친정에 얹혀 외톨이처럼 구박받으며 살기도 싫습니다. 그렇다면 차라리 두 번째 아내를 받아들여 내 밑에서 부리며 사이좋게 지내는 전략이 하나 있겠죠. 또 배신감 때문에 도저히 남편이랑 같이 못 살겠다 싶으면 실리를 챙길 수도 있습니다.

그리고 연하의 남자를 찾아갑니다. 노총각은 많이 있습니다. 여자는 중매쟁이인 카타바 또는 부족의 유력한 사람을 통해서 마흐르를 요구하지 않는 조건으로 남자를 찾습니다. 자기는 이미 노후를 보낼 수 있는 마흐르와 위자료를 확보했잖아요.

노총각 입장에서도 나쁘지 않습니다. 비록 실연을 겪은 사람이어도 경험이 있으니 잘해 줄 수도 있습니다. 평생 노총각으로 늙는 것보다 연상의 여자와 새로운 가정을 꾸리는 것이 유리하다고 판단할 수 있습니다. 이런 시스템이 너무나 자연스럽게 잘 돼 있는 겁니다. 그래서 이혼이 많은 겁니다.

이런 관점에서 탈라크를 보면 여성에게 반드시 불리한 것은 아닙니다. 물론 객관적으로는 불리합니다만, 여성으로서 그것을 상쇄해 나갈 만한 시간과 사회적 전략이 존재하고 있습니다. 여기까지 이야기해야 전체가 이해되는 겁니다. 여러분에게 혹시 탈라크라는 상황이 벌어진다면 어떤 길을 선택하시겠습니까?

이혼한 뒤에 새 아내와 살아 봤는데 별 볼 일이 없다고 생각되는 경우도 있겠죠? 아들도 여전히 안 생기고, 그나마 두 딸이라도 만들어 준 첫 번째 아내가 그리울 수 있겠죠? 그때 첫 번째 부인과 다시 재혼할 수 있습니다. 물론 그때도 돈을 다시 줘야 합니다.

첫 번째 부인이 마지못해 남편의 청을 들어주면 그 집에 들어가서 확 휘어잡고 살 수 있습니다. 탈라크는 한 번 받았으니 안 받아도 되겠죠? 훨씬 유리한 입지를 가질 수 있습니다. 이혼한 뒤에 재결합하는 것은 사회적으로 크게 비난받지 않습니다. 우리 사회는 한번 이혼당하면 사회적으로 따돌리는 분위기가 있잖아요. 그게 다릅니다. 나아가 삼혼도 가능합니다. 하지만 네 번째는 이슬람법으로 금지합니다.

이혼이 성립되면 잇다iddah 기간을 지켜야 합니다. 90일 동안 자기 가정에 머물러 있어야 합니다. 세 번의 생리를 통해서 모태를 청결하게 하는 기간입니다. 우리도 옛날에 이와 유사한 제도가 있었습니다. 이 기간에는 재혼을 못합니다. 이 기간만 지나면 자유롭게 재혼할 수 있습니다. 이 기간에 자녀 양육에 대한 책임은 전적으로 전남편에게 있습니다. 법적으로 분명하게 명시했습니다.

탈라크를 하고 한 달 동안 부부생활을 하지 않으면서 거리를 두고 기다리고, 두 번째 통보를 하고 기다리다가 세 번째로 통보하면 이혼하게 된다고 말씀드렸죠? 그 시간 동안 각자 자기를 되돌아보는 시간을 갖습니다. 나라마다 다르긴 합니다만, 이 기간을 거치며 상당수가 재결합합니다. 헤어짐을 결정한 순간 다른 모습이 보일 수 있잖아요. 그리고 성찰하잖아요. 평소 느끼지 못했던 새로운 아내와 남편의 모습을 발견하기도 합니다.

또 한 가지 이슬람의 일부다처 문화에서 놓치지 말아야 할 부분은 부인이 여럿이어도 서자가 없다는 사실입니다. 우리는 본처와 첩의 문제로 보잖아요. 그래서 적자와 서자라는 불협화음을 만들어 냅니다.

이슬람에서는 일부사처를 하더라도 네 사람 모두 본처로 대접합니다. 정실입니다. 사회적으로도, 법적으로도 상속 지분이 동등합니다. 그래서 새로운 부인이 들어올 때 이전 부인들이 다 동의를 해 줘야 하는 겁니다. 자기 상속 지분을 나눠 줘야 하니까 쉽지 않은 결정입니다.

따라서 어떤 부인에게 태어나더라도 모두 적자입니다. 법적으로나 사회적으로 상속 지분이 동등합니다. 우리 정서로는 이해가 안 되죠. 아무래도 둘째 이후 부인과 그 자식들은 불리하지 않을까 싶지요? 전혀 그렇지 않습니다. 단언할 수 있습니다.

이 원칙은 왕가의 승계에서도 그대로 적용됩니다. 2005년 사우디아라비아 왕국의 파하드 왕이 죽었습니다. 다음 왕이 압둘라인데, 그는 파하드의 배다른 동생입니다. 2015년 1월, 압둘라 왕까지 죽자 그의 뒤를 이은 지금의 왕 살만은 압둘라의 배다른 동생입니다. 물론 형제지만 어머니가 다 다릅니다. 그럼 파하드 왕의 동복형제가 없었을까요? 술탄 국방 장관, 나이프 외무 장관, 지금 왕이 된 살만 리야드 주지사 등 기라성 같은 인물들이 파하드의 친형제였습니다. 막강한 친형제들이 포진하고 있어도 이복동생이 왕이 됩니다. 왕가에서도 적자와 서자 구분이 없는데 일반인에게는 서열에 무슨 문제가 있겠습니까?

⛪ 이슬람의 장례식

다음은 장례입니다. 장례는 죽음이 확인된 뒤 24시간 이내에 하루장으로 치릅니다. 내세가 있다고 믿기 때문에 질곡의 현세에 묶어 둘 필요가 없다고 생각합니다. 날씨가 더워서 빨리 부패하는 것도 이유입니다. 추모일과 제사는 지냅니다.

가장 특징적인 것이 '공동체의 덕망 묻기'입니다. 모스크에서 장례 예배가 끝나고 관에 실려서 장지로 갈 때 마을 주민들이 마지막 작별 인사를 하려고 전부 모입니다. 그때 이맘이 마을 회중을 향해 큰 소리로 세 번 묻습니다.

첫 번째가 "이 사람을 좋은 사람으로 기억하십니까?"입니다. 사람들이 모두 "네." 하고 대답합니다. 두 번째 질문은 "이 사람이 천국에 들기를 원하십니까?"입니다. 사람들이 하나님의 은총이 있기를 바라며 덕담을 합니다. 세 번째가 중요합니다. "이분으로부터 빚을 받을 일이 있습니까?" 사람들이 그러면 "없습니다, 끝났습니다."라고 이야기합니다.

물론 죽은 사람에게 빚을 받아야 할 사람이 있을 수 있겠죠? 그러나 죽음으로서 모든 채무, 채권 관계가 종식됐다고 봅니다. 그 빚이

친지와 이웃이 함께 상여를 지고 묘지로 운반하는 무슬림의 장례 행렬

자녀에게 대물림되지 않게 하는 사회적인 장치가 바로 장례입니다. 그 질문에 "있습니다."라고 답하면 어떻게 될까요? 그 사람은 그 공동체에서 매장당합니다. 사회가 지켜야 할 공동체의 관습과 질서를 깨버렸기 때문입니다.

물론 현행법상으로는 대를 이어 빚을 받을 수도 있겠지요. 그러나 장례식에서 이런 절차를 거쳤기 때문에 법을 이유로 자녀들에게 빚을 요구하는 것은 마치 명예살인을 당하는 것처럼 그 사회에서 도저히 생활을 못 할 정도로 낙인이 찍힙니다. 이슬람은 철저한 공동체 사회이기 때문에 한번 그런 오명이 붙으면 자녀 대대로까지 이어집니다. 그런 낙인은 철저하게 기억합니다. 어떤 부모도 자기 자손이 불명예스럽게 살아가는 걸 원치 않겠죠? 이런 것이 이슬람의 전통으로 자리 잡고 있습니다.

또 재산 삼분 원칙이 있습니다. 재산 모두를 자녀에게 물려주는 것은 공동체 정신에 맞지 않다고 봅니다. 3분의 1은 국가에 귀속됩니다. 3분의 1은 망자가 관여하던 자선 단체나 법인에 희사합니다. 나머지

3분의 1은 자기 자녀에게 넘겨줄 권한을 갖습니다. 그것마저도 자녀에게 다 줄지, 다른 데 희사할지는 본인이 결정합니다. 어쨌든 3분의 1 이상은 자녀에게 남겨 주지 않는 것이 미덕입니다.

물론 서구법이 들어와서 일정한 상속세만 내면 본인 마음대로 처리할 수 있습니다만, 여전히 삼분 원칙은 실정법보다 강한 관습법으로 남아 있습니다. 그 범위가 실정법보다 작다면 문제가 되겠지만, 관습법이 실정법보다 훨씬 많은 분량을 사회에 환원하기 때문에 전혀 문제가 되지 않습니다. 상속할 때는 딸에게도 합니다. 아들과 완전히 똑같지는 않지만, 거의 비슷하게 상속됩니다. 부인에게도 상속 지분이 있습니다.

🕌 이슬람의 여성관

꾸란에서는 남녀의 창조가 평등하다고 말씀드렸죠? 흙으로 아담을 빚어 거기에 영혼을 불어넣어 남자가 되게 했는데 똑같은 방법으로 이브를 빚어서 여자가 탄생됩니다. 창조의 양성평등입니다. 아담이 잠들었을 때 갈비뼈를 빼내서 이브를 만들었다는 성경 이야기에 비하면 창조관도 상당히 평등하죠?

다만 이슬람이 가지고 있는 남성과 여성관이 서구와 다른 것은 사회적 역할 분담과 책임의 구분입니다. 즉 하나님께서 남성에게는 남성의 역할과 권한을, 여성에서는 여성의 지위와 역할을 따로따로 줬다고 생각합니다. 외적으로부터 가족을 보호하고 경제적인 활동으로 가족의 생계를 유지하는 역할을 남성에게 줬고, 자녀들을 양육하고 가정 경제를 관리하면서 가족의 정서를 책임지는 역할을 여성에게 줬다고 믿습니다. 오늘날 많은 이슬람 사회가 서구화되고 있습니다만, 신이 만들어 준 남녀 간 역할 분담을 지키려는 경향은 서구 사회보다 많이 남아 있습니다.

이런 이유 때문에 여성이 집안에 머물러 있는 경우가 월등하게 많습니다. 직업에서도 남녀의 차이가 많습니다. 그중 참 애매한 부분이 서비스업입니다. 이슬람 사회에서 서비스업은 100% 남성의 몫입니다. 모르는 사람, 외간 남자에게 여성의 아름다움과 미소를 판다는 것을 아무래도 받아들이기 어려워합니다. 특히 자기 딸과 아내를 서비스업에 종사케 하는 것은 가족의 수치로 인식하고 모멸감을 느낍니다.

그래서 웬만한 특급 호텔 종업원은 대부분 남자들입니다. 요즘 들어 가끔 프런트에 여성들이 등장하기 시작했습니다만, 대부분 아주 개방적인 레바논이나 제3국인 필리핀 쪽 여성들이 많습니다. 자국의 딸과 아내를 그런 곳에 내놓는 것을 사회적인 수치로 느끼는 분위기가 아직까지는 강합니다.

그러다 보니 여성 속옷 가게 점원도 남자가 합니다. 이성 간에 눈도 못 마주치게 하는 나라에서 차도르를 뒤집어쓴 여성들이 속옷 가게에서 남자 점원과 온갖 은밀한 이야기를 주고받는 난센스가 벌어집니다. 미용실에서 머리카락을 감아 주고 마사지를 하는 것도 다 남자들이 합니다. 말도 안 되는 상황이죠?

이런 데서 남녀가 눈이 맞아 관계를 맺으면 간통으로 매우 엄격한 벌을 받습니다. 물론 터키 같은 나라는 간통죄가 폐지됐죠. 하지만 아직도 사우디나 이란, 파키스탄이나 수단 같은 곳에서는 간통 행위에 사형에 가까운 무거운 벌을 내립니다.

🕌 이슬람의 성 문화

사람이 갖고 있는 욕구와 분출하고 싶은 욕망의 크기는 다 비슷할 텐데 억지로 막아 놓으면 그게 어디로 갈까요? 그래서 동성애가 상당히 발달합니다. 미국 다음으로 동성애가 많은 곳이 아랍입니다.

제가 중동 지역으로 떠나는 KOICA 해외 봉사단이나 해외 자원봉사자들을 상대로 연수를 많이 하는데, 그때마다 성 문제와 관련해 당부하는 말이 있습니다.

상대적이긴 합니다만, 여성들은 오히려 안전합니다. 여성을 잘못 건드리면 목숨을 걸어야 하기 때문이고, 남자가 여러 명일 때는 여성을 보호해야 한다는 생각을 많이 하기 때문에 그렇습니다. 물론 일대일로 마주치면 위험해질 수도 있겠죠. 반면 예쁘장한 남학생들은 상대적으로 위험합니다. 특히 외진 곳, 실크로드나 사막 오지 여행을 하면 동양인 남자들이 타깃이 되는 경우가 왕왕 있습니다. 그래서 남자들이 훨씬 더 조심해야 합니다.

2014년 2월쯤 제가 두바이에 갔을 때 현지 신문에 대문짝만하게 기사가 났습니다. 한 남자가 차도르를 뒤집어쓰고 애인을 만나러 여자 집에 들락날락한 겁니다. 차도르를 입었으니 아무도 못 건드리잖아요. 경찰도 못 건드립니다. 그런데 어떻게 하다가 발각이 됐습니다. 그 뒤에 어떤 처벌을 받았는지는 모르겠습니다. 사형 아니면 몇십 년을 살아야 하겠죠. 이처럼 상상할 수 없는 일들도 일어나는 곳이 아랍입니다. 욕망의 크기는 비슷한데 한쪽을 억지로 누르면 다른 한쪽으로 분출될 수밖에 없겠죠. 어느 사회에나 있는 부조리가 이곳 사회라고 없을 수는 없습니다. 아무리 율법이 엄격해도 그렇습니다.

동성애는 아직까지 사형으로 다룹니다. 굉장히 엄한 벌을 받습니다. 그러나 지극히 은밀하게 이뤄져서 적발하기가 쉽지 않죠. 자기가 동성애자라고 커밍아웃하지도 않습니다. 아직까지는 이슬람 사회에서 동성애를 합법화하자는 논의조차 일어나지 않고 있습니다.

예를 들어 이슬람 세계에서도 가장 개방적인 말레이시아에서 차기 총리로 유력했던 안와르 이브라힘이라는 야당 총재가 있었습니다. 정적인 여당에서 이브라힘 총재에게 무슨 죄를 뒤집어씌웠느냐면, 운전 기사를 매수해서 자기와 소도미Sodomy, 즉 동성연애를 했다고 폭로하게 한 겁니다. 그래서 하루아침에 정치 세계에서 매장됐습니다. 진실

공방이 벌어져서 지금 대법원까지 가 있습니다.

매춘도 있습니다. 물론 공식화되어 있지는 않죠. 사우디나 이란 같은 나라에서 매춘이나 간통죄는 사형까지 받을 수 있는 중죄입니다. 목숨을 걸고 해야 하니까 매춘 비용이 굉장히 높습니다. 우리 근로자들도 과거 중동에서 일할 때 제법 경험했다고들 합니다. 확인할 수는 없지만요. 그때는 뭣도 모르고 했다고 합니다. 이런 이슬람 율법을 알았으면 훨씬 억제가 되었을 텐데, 누구도 안 가르쳐 주니까 목숨이 걸려 있는지도 몰랐던 거죠.

두바이나 바레인 같은 곳에는 비공식적인 매춘 타운이 형성되어 있다고 합니다. 일부 중동 국가에서도 이런 곳을 찾기는 어렵지 않다고 합니다. 2008년에 한 현지 언론에서 매춘이 아랍 국가에서 상당 부분 묵인되고 있다는 보도도 있었습니다.

🕌 이슬람 여성의 일상

이제 이슬람 여성들의 일상을 들여다봅시다. 이슬람 국가에서도 결혼은 서구식으로 많이 한다고 말씀드렸죠? 여성의 드레스에 노출이 적다는 것을 빼고는 우리와 별 차이가 없습니다. 가슴에 별도로 띠를 두르는데, 이것은 결혼 부조금을 받기 위한 것입니다. 여기서는 신랑 신부가 직접 돌아다니며 부조를 받습니다. 현지화와 달러 모두 받습니다. 달러를 더 좋아합니다. 누가 얼마 냈는지 훤히 알 수 있겠죠? 우리만 자본주의인 게 아닙니다. 어떤 면에서는 우리보다 더한 부분도 있습니다.

예배를 보러 갈 때는 무채색의 히잡이나 차도르를 쓰고 갑니다. 그러나 집에서도 그럴까요? 그렇지 않습니다. 새로 산 옷을 꺼내 입고 패션쇼를 하고, 수다도 떱니다. 거의 반라 차림으로 자유롭게 생활합니다. 새로 나온 보석, 새로 산 가방들도 자랑합니다.

히잡을 쓰더라도 패션으로 활용한다는 건 아까 말씀드렸습니다. 색상과 디자인을 옷과 함께 다 맞춥니다.

히잡을 쓰고 축구도 하고, 수영도 합니다. 살이 훤히 보이는 비키니를 입어야 수영장에 간다는 건 우리의 고정관념입니다. 이 사람들은 경악합니다. 어떻게 처음 보는 사람들에게 치부를 드러내고 물속에 첨벙 뛰어들 수 있냐고요. 문화는 선악이 아니라 같고 다름의 문제입니다. 분위기도 참 밝습니다. 해변에서 쓰는 히잡과 선글라스에는 세계적인 명품들이 많습니다.

대구에 있는 한 섬유 업체 사장님이 히잡을 쓰고 수영하는 사진을 보고 아이디어를 냈습니다. 방수 처리한 히잡을 판다면 큰돈을 벌 수 있겠다 싶었던 거죠. 지금 아랍의 방수 히잡 시장 점유율 1위가 그 회사입니다. 히잡 쓰고 수영하는 모습을 답답하게 보면 8억 명의 시장이 안 보이지만, 고정관념을 깨고 편견 없이 바라보면 새로운 시장이 열리기도 하는 겁니다.

디자인이 가미된 히잡을 쓴 여성들

히잡을 쓰고 다니니까 미용실이 무슨 소용이 있을까요? 그러나 시내 한복판에 미용실 간판이 버젓이 서 있습니다. 거기 모델은 히잡을 쓰고 있지 않습니다. 다양한 헤어스타일로 유혹합니다. 두바이 패션쇼에도 아랍 여성들이 당당하게 등장하기 시작했습니다.

미스 월드, 미스 유니버스 대회에도 미인들을 내보내기 시작했습니다. 어떤 나라는 얼굴을 다 가리는데, 어떤 나라는 몸매를 자랑하러 미인 대회에 나갑니다. 30개 이상의 이슬람 국가들이 미인 대회에 대표를 내보냅니다. 누구는 이슬람이고 누구는 아닌가요? 이처럼 이슬람에 대한 재해석이 급속하게 일어나고 있습니다.

2005년 태국에서 열린 미스 유니버스 대회에 참가한 인도네시아 대표는 비키니를 사양하고 끝까지 원피스를 고집했습니다. 그녀는 수마트라 시골 출신인데 배꼽을 드러낸 모습이 텔레비전으로 나가면 고향에서 오빠들에게 무슨 봉변을 당할지 몰랐던 겁니다. 그래서 조직위원회에 원피스 심사를 허용해 달라고 탄원했습니다. 그게 받아들여져서 대회 역사상 처음으로 원피스 심사가 허용됐습니다. 문화적 특수성을 인정한 것이죠.

계약 결혼도 허용됩니다. 동성애나 간통에 대한 처벌이 너무나 강하니까 중간에 완화해 주는 제도를 만든 겁니다. 매춘을 합법화시켜 주는 제도도 조금씩 생겨나고 있습니다.

그중에 하나가 '무트아Mutah'로, 계약 결혼을 뜻합니다. 물론 모든 나라에 적용되는 건 아닙니다. 계약서에 혼인 기간과 그에 대한 보상액을 약속하면 계약혼 관계가 성립됩니다. 그런데 계약 기간이 하루여도 가능합니다. 그냥 관계를 가지면 매춘이지만, 당국에 신고하고 둘이서 합의하면 하루짜리라도 인정해 줍니다. 간통이나 매춘은 걸리면 죽음이니 너무 극단적이잖아요. 그렇게 흘러가면 그 사회가 지속 가능성이 있을까요? 그래서 이런 제도를 통해 우회로를 만들어 주는 겁니다.

그러나 한번 계약하면 수정할 수 없습니다. 못된 남자들이 하룻밤 자고 나면 마음이 바뀌잖아요. 그래서 계약 기간을 철저히 지켜야 합니다. 그 기간은 하루부터 수주, 수개월, 수년까지 다양합니다.

남자는 여자에게 약속된 액수만 주면 되고 집이나 음식을 장만해야 할 의무는 없습니다. 정식 결혼에선 반드시 2명의 증인과 판관이 배석해야 하지만, 무트아에서는 그럴 필요가 없습니다. 계약 기간이 만료되면 여자는 45일간 유예 기간을 가지면서 임신 여부를 확인합니다. 만일 임신이 되지 않았다면 다른 남자와 새롭게 계약을 맺을 수 있습니다.

또 다른 방식으로 '미스야Misyar'라는 제도도 있습니다. 법적인 결혼을 하되, 남자가 여성에게 생활비를 제공하지 않고 원할 때마다 여성을 방문해 성적인 욕구를 충족하는 형태의 결혼 제도입니다. 다분히 남성 중심적입니다만, 이런 방식도 만들어지고 있습니다. 우리가 상상할 수 없는 돌연변이적인 변화들이 엄청난 속도로 일어나고 있는 겁니다.

　금기와 주어진 조건에서 숨 쉴 수 있는 통로를 열어 주는 변화가 상술과 맞물려서 일어나고 있습니다. 최근에는 여성의 택시 운전이 허용됐습니다. 이란에서 먼저 시작됐고, 터키도 여성의 택시 영업이 가능해졌습니다.

　정리하겠습니다. 이제 이슬람의 여성을 율법이나 고정관념과는 다른 각도로 바라봤으면 좋겠습니다. 이슬람 여성이라면 항상 떠올리는 억압과 폭력, 전근대성의 이미지는 종교적인 문제보다는 경제 수준과 문맹률 같은 교육의 정도, 여성의 인식 변화와 사회구조적인 문제에 더 많은 영향을 받습니다. 그리고 속도는 더딜지라도 이슬람 사회 역시 가부장 사회에서 양성평등의 사회로 서서히 바뀌고 있습니다.

　21세기 이슬람 여성들의 미래는 속도가 다소 느릴지라도 우리가 걸어왔던 길을 같이 걸어갈 가능성이 매우 크다고 말씀드릴 수 있겠습니다. 그러나 자기를 완전히 버리고 서구를 쫓아가기보다는 히잡을 유지하면서도 현대적인 문화와 새로운 소비 패턴을 만들고, 또 사회 참여를 이루어 가는 방향이 대세를 이루지 않을까 전망해 봅니다.